365 Tage Hamburg

365 Tage Hamburg

Michael Zapf / Ellert & Richter Verlag

Stadt, Stadt: Mutter zwischen Himmel und Erde

Hamburg!
Das ist mehr als ein Haufen Steine, Dächer, Fenster, Tapeten, Betten, Straßen, Brücken und Laternen. Das ist mehr als Fabrikschornsteine und Autogehupe – mehr als Möwengelächter, Straßenbahnschrei und das Donnern der Eisenbahnen – das ist mehr als Schiffssirenen, kreischende Kräne, Flüche und Tanzmusik – oh, das ist unendlich viel mehr.
Das ist unser Wille, zu sein. Nicht irgendwo und irgendwie zu sein, sondern hier und nur hier zwischen Alsterbach und Elbestrom zu sein – und nur zu sein, wie wir sind, wir in Hamburg.
Das geben wir zu, ohne uns zu schämen: Daß uns die Seewinde und die Stromnebel betört und behext haben, zu bleiben – hierzubleiben, hier zu bleiben! Daß uns der Alsterteich verführt hat, unsere Häuser reich und ringsherum zu bauen – und daß uns der Strom, der breite graue Strom verführt hat, unserer Sehnsucht nach den Meeren nachzusegeln, auszufahren, wegzuwandern, fortzuwehen – zu segeln, um wiederzukehren, wiederzukehren, krank und klein vor Heimweh nach unserm kleinen blauen Teich inmitten der grünhelmigen Türme und grauroten Dächer.
Hamburg, Stadt: Steinwald aus Türmen, Laternen und sechsstöckigen Häusern; Steinwald, dessen Pflastersteine einen Waldboden mit singendem Rhythmus hinzaubern, auf dem du selbst noch die Schritte der Gestorbenen hörst, nachts manchmal.

Stadt: Urtier, raufend und schnaufend, Urtier aus Höfen, Glas und Seufzern, Tränen, Parks und Lustschreien – Urtier mit blinkenden Augen im Sonnenlicht: silbrigen, öligen Fleeten! Urtier mit schimmernden Augen im Mondlicht: zittrigen, glimmernden Lampen!
Stadt: Heimat, Himmel, Heimkehr – Geliebte zwischen Himmel und Hölle, zwischen Meer und Meer; Mutter zwischen Wiesen und Watt, zwischen Teich und Strom; Engel zwischen Wachen und Schlaf, zwischen Nebel und Wind: Hamburg!
Und deswegen sind wir den Anderen verwandt, denen, die in Haarlem, Marseille, Frisco und Bombay, Liverpool und Kapstadt sind – und die Haarlem, Marseille, Frisco und Kapstadt so lieben, wie wir unsere Straßen lieben, unsern Strom und den Hafen, unsere Möwen, den Nebel, die Nächte und unsere Frauen.
Ach, unsere Frauen, denen die Möwenflügel die Locken durcheinandertoben – oder war es der Wind? Nein, der Wind ist es, der den Frauen keine Ruhe gibt – an den Röcken nicht und an den Locken nicht. Dieser Wind, der den Matrosen auf See und im Hafen ihre Abenteuer ablauert und dann unsere Frauen verführt mit seinem Singsang von Ferne, Heimweh, Ausfahrt und Tränen – Heimkehr und sanften, süßen, stürmischen Umarmungen.
Unsere Frauen in Hamburg, in Haarlem, Marseille, Frisco und Bombay, in Liverpool und Kapstadt – und in Hamburg, in Hamburg! Wir kennen sie so und lieben sie so, wenn der Wind uns ihre Knie mit einem frechen Pfiff für zwei Sekunden verschenkt, wenn er uns eine unerwartete Zärtlichkeit spendiert und uns eine weiche Locke gegen die Nase weht: Lieber herrlicher Hamburger Wind!

Wolfgang Borchert 1946

Das Gewölbe des Saals der Republiken im Hauptgeschoss des Rathausturms wird von acht Säulen aus Onyx getragen. Die Gemälde an der Decke stellen jene Tugenden dar, derer es – aus der Sicht der damaligen Zeit – bedurfte, eine Republik zu erhalten: Sittlichkeit, Menschlichkeit, Vaterlandsliebe und Wissenschaft. Am Neujahrstag empfängt der Erste Bürgermeister die Bürger der Stadt.

1. Januar

Rathaus, Saal der Republiken

Die prägnanten Türme über der Innenstadt: St. Nikolai (links) ragt mit 145 Meter am weitesten in den Hamburger Himmel, rechts daneben St. Jacobi, St. Petri, der Michel und das Rathaus.

2. Januar

Wie im ruhigen Wasser eines Sees spiegeln sich die Landungsbrücken in einer Pfütze auf dem Ponton. Viele Tausend Hamburger nutzen tagtäglich den Wasserweg, um mit den Hafenfähren der HADAG zur Arbeit zu fahren. Die vielen „Landratten“, die Hamburg besuchen, sind immer wieder fasziniert vom stadtnah gelegenen Hafen und den „Riesenpötten“, die hier aus nächster Nähe bestaunt werden können.

3. Januar

Nach einem Regenguss auf den Landungsbrücken

Anlässlich der Schlusssteinlegung der Speicherstadt 1888 wurden die Statuen der Germania und Hammonia auf der Brooksbrücke aufgestellt. Die im Zweiten Weltkrieg zerstörten Plastiken wurden 2003 von Jörg Pickart neu geschaffen und auf der ebenfalls neu errichteten Brücke installiert. Hier die von dem Lichtkünstler Michael Batz illuminierte Hammonia.

4. Januar

Hammonia auf der Brooksbrücke

HAMMONIA

Das hamburgmuseum – Museum für Hamburgische Geschichte, ein imposanter Backsteinbau am Holstenwall, wurde 1922 eröffnet. Seine umfangreichen Sammlungen zeigen die wechselvolle Geschichte der Hansestadt von ihren Anfängen um 800 bis zur Gegenwart.

5. Januar

Eingangstür zum hamburgmuseum

Der Ausbau und die Entwicklung des Hafens prägten und prägen das moderne Hamburg. Im hamburgmuseum ist die Auswanderung von Millionen Europäern in die Neue Welt ein Schwerpunktthema. Erläutert werden nicht nur die religiösen, politischen und wirtschaftlichen Gründe der Massenemigration, sondern auch die Bedingungen, die die Auswanderer auf ihrer Reise in Kauf nehmen mussten. Die Modelle der Passagierdampfer geben einen Eindruck davon, auf welchen Schiffen die Migranten ab dem Beginn des 20. Jahrhunderts über den Großen Teich fuhren.

6. Januar

Ausstellungsraum zur Auswanderung im hamburgmuseum

Vom Dach des spektakulären Bürokomplexes Dockland am Altonaer Hafen ist die Aussicht fantastisch. Für das vom Architekturbüro Bothe Richter Teherani gebaute futuristische Gebäude, das, von Wasser umgeben, wie ein Schiffsbug in die Elbe ragt, musste das Grundstück aufgeschüttet werden.

7. Januar

Dockland – das gläserne Tor zur Stadt

Der im Stadtteil Stellingen gelegene Tierpark Hagenbeck umfasst 25 Hektar und verfügt über ein Wegenetz von sieben Kilometer Länge. Seine vielen Freigehege und Panoramen sind weltberühmt, 1850 Tiere aller Kontinente leben hier. Ob Orang-Utan, Elefant oder Eisbär, sie alle haben bei Hagenbeck eine neue Heimat gefunden.

8. Januar

Eisbär bei Hagenbeck

Der Architekt Günter Talkenberg hat auf eines der 1988 errichteten Gebäude am Altonaer Fischmarkt an der Breiten Straße diese Stahlkonstruktion mit dem weithin sichtbaren Altonaer Wappen gesetzt.

9. Januar

Am Fischmarkt: das Altonaer Wappen

Die klassische Hamburger Hafenbarkasse hat eine Kajüte und einen Ruderstand im Vorschiff, dahinter befindet sich ein offener Raum mit Sitzbänken. Barkassen sind klein und wendig und werden heute hauptsächlich für Rundfahrten eingesetzt. Die Niederbaumbrücke verbindet Vorsetzen und Baumwall mit der Kehrwiederspitze und der Speicherstadt.

10. Januar

Barkassen im Binnenhafen vor der Niederbaumbrücke

BUS

Zu sehen ist das Hamburger Wappen bereits auf Münzen des 12. und auf Siegeln des 13. Jahrhunderts. Im Großen Festsaal des Rathauses befindet sich diese auch heute noch gültige Version mit der dreitürmigen Burg und der geschlossenen Tür.

11. Januar

Bis auf das Bernhard-Nocht-Institut für Tropenmedizin (rechts), das 1900 gegründet wurde und seit 1914 in dem von Fritz Schumacher errichteten Gebäude residiert, hat sich die Szenerie oberhalb der St. Pauli Hafenstraße in den letzten Jahren grundlegend verändert. Links das Empire Riverside Hotel, das von dem Architekten David Chipperfield auf dem Gelände der ehemaligen Bavaria-Brauerei erbaut wurde, davor der Erweiterungsbau des Bernhard-Nocht-Instituts.

12. Januar

An der Bernhard-Nocht-Straße

Anlässlich des 100-jährigen Jubiläums des weltbekannten Tierparks der Familie Hagenbeck wurde 2007 das Tropen-Aquarium eröffnet. Hier tauchen Kinder und Erwachsene in eine fremdartige Welt ein, in der etwa 13 000 exotische Tiere zu sehen sind. Besondere Attraktion sind die Haie im Erlebnis-Aquarium.

13. Januar

Tropen-Aquarium in Hagenbecks Tierpark

Ursprünglich diente diese filigrane Aluminium-Glas-Konstruktion als Abfertigungsgebäude der England-Fähre. Da diese jedoch seit 2003 nicht mehr verkehrt, sind hier Büros und Restaurants eingezogen.

14. Januar

Ehemaliger Terminal der England-Fähre

RIVE
N 301

Am Ballindamm befindet sich die Firmenzentrale der von dem Reeder Albert Ballin geprägten Hapag-Lloyd AG. Das Motto „Mein Feld ist die Welt“ steht in großen Lettern über dem Treppenaufgang des vom Rathaus-Architekten Martin Haller 1901 bis 1903 errichteten und von Fritz Höger erweiterten Verwaltungsgebäudes.

15. Januar

Eingangshalle der Hapag-Lloyd AG

MEIN FELD IST DIE WELT

Die St. Michaelis-Kirche – genannt Michel – das Wahrzeichen Hamburgs, blickt auf eine wechselhafte Geschichte zurück: Der Vorgängerbau wurde 1750 durch ein vom Blitz entfachtes Feuer vernichtet, aber auch die danach von Ernst Georg Sonnin errichtete Kirche brannte 1906 fast vollständig aus. Der Neubau von 1907 bis 1912 ist mit Sonnins Bau weitgehend identisch.

16. Januar

Die Landungsbrücken und der Michel

Deutscher Ring
Machen Sie bei uns fest!
Deutscher Ring

St. Petri wurde 1195 als „Marktkirche" erstmals erwähnt. Sie ist damit die älteste der Hamburger Hauptkirchen. 1516 wurde der Turm vollendet, der wie die Kirche beim Großen Brand von 1842 größtenteils zerstört wurde. Der bereits 1849 geweihte Neubau erhielt den heute sichtbaren Turmhelm zwischen 1866 und 1878.

17. Januar

Turmaufstieg in der St. Petri-Kirche

Liebevoll restauriert ist die Außenstelle des Altonaer Museums in den Vierlanden mit diesem Bauernhaus aus dem 16./17. Jahrhundert, der Scheune, der Schopfmühle, dem Heuberg und dem Backhaus. Hier im Freilichtmuseum Rieckhaus in Curslack kann man von kundigen Führern unter anderem erfahren, woher das Sprichwort „Auf die hohe Kante legen“ kommt.

18. Januar

Das Freilichtmuseum Rieckhaus in Curslack

284

Das Museum für Bergedorf und die Vierlande residiert im Bergedorfer Schloss. Die Kacheln auf dem im Landherrenzimmer stehenden Ofen zeigen die Bergedorfer Kirche St. Peter und Pauli und das Schloss, wie es etwa in der Mitte des 19. Jahrhunderts ausgesehen hat.

19. Januar

Kachelofen im Landherrenzimmer des Museums für Bergedorf und die Vierlande

Mit mehr als 4300 Quadratmeter Gesamtfläche gehört die Schlittschuhbahn am Holstenwall zu den größten Kunsteisbahnen der Welt. Eröffnet wurde die Sportanlage im Jahr 1971.

20. Januar

Die Eisbahn in den Großen Wallanlagen

Der 2002 eröffnete Container Terminal befindet sich auf dem Gebiet des ehemaligen Fischerdorfs Altenwerder, von dem lediglich die Kirche und der Friedhof geblieben sind. An der 1400 Meter langen Kaimauer können auch Großcontainerschiffe beladen und gelöscht werden.

21. Januar

Container Terminal Altenwerder und Köhlbrandbrücke

London und Melbourne haben ihre Docklands, Amsterdam und Kopenhagen ein Quartier am Hafen. Hamburg zieht nach mit der HafenCity: Gegenüber der historischen Speicherstadt entsteht ein großes maritimes Areal mit der Elbphilharmonie als neuem Wahrzeichen. Am Dalmann- und Kaiserkai sind die ersten Wohn- und Bürohäuser bereits bezogen.

22. Januar

Kaiserkai in der HafenCity

Der große Musiker und Komponist Johannes Brahms wurde 1833 im Specksgang geboren. Als Sohn eines Berufsmusikers erhielt er schon früh Klavierunterricht. Im Alter von 15 Jahren trat er zum ersten Mal auf. Sein Erbe pflegt heute die Johannes-Brahms-Gesellschaft, die im Barockhaus an der Peterstraße auch ein eigenes Museum unterhält. Die Marmorskulptur im Brahms-Foyer der Laeiszhalle modellierte Max Klinger.

23. Januar

Das Brahms-Foyer in der Laeiszhalle – Musikhalle Hamburg

Auf dem Gelände der Hamburg Messe und Congress GmbH finden jährlich mehr als 40 Ausstellungen statt. 2004 begann man mit der Erweiterung des Messegeländes, die 2008 abgeschlossen wurde. Hamburg hat sich für eine stadtnahe Messe entschieden, die ihre unmittelbare Nachbarschaft zum Kongresszentrum, zu Planten un Blomen und zum Dammtor-Bahnhof nutzt.

24. Januar

Die neuen Messehallen

Zu einer der 43 Tunnelstationen der Hamburger U-Bahn gehört die Haltestelle Messehallen. Die Innenstadtlinie U2 vom Berliner Tor bis Schlump wurde in zwei Abschnitten 1968 und 1970 in Betrieb genommen. Die Stromversorgung der U-Bahnen erfolgt über eine seitliche, von unten bestrichene Stromschiene per Gleichspannung.

25. Januar

U-Bahn-Haltestelle Messehallen (U2)

NOTRUF
U2 NIENDORF NORD
über Schlump Christuskirche
Hagenbecks Tierpark Niendorf Markt
Kurzzug in 1 Minute
Messehallen
Gleis 2

Das Verwaltungsgebäude der Hamburger Hafen und Logistik AG (HHLA) mit seinen historisierenden Fassaden besitzt auch heute noch einen hohen ästhetischen Reiz. Die mit Erkern, Türmchen und Lauben dekorierte Zentrale des größten Hafenbetriebs vermittelt einen beinahe pompösen Eindruck – nach dem Motto: Was gut ist für den Hafen, das ist auch gut für Hamburg.

26. Januar

Speicher am Holländischen Brook im Abendlicht, überragt vom Uhrenturm der HHLA

Nicht nur von außen ist die Speicherstadt schön anzusehen, auch im Innern der Gebäude spiegelt sich die Architektur des beginnenden 20. Jahrhunderts wider – so auch im Treppenhaus der HHLA.

27. Januar

Treppenhaus des Firmensitzes der Hamburger Hafen und Logistik AG

Im Nordwesten der früheren Elbinsel Steinwerder liegt der von der Hamburger Hafen und Logistik AG betriebene Container Terminal Tollerort. 2008 wurde mit der Inbetriebnahme des neuen Containerbahnhofs die Umschlagkapazität erheblich gesteigert. Container können nun direkt auf Züge verladen werden.

28. Januar

„Schietwetter" am Altonaer Fischmarkt: im Hintergrund Tollerort

Das Innere des Rathausturms ist eine technische Meisterleistung, denn der Turmhelm ist Teil des Klimatisierungssystems. Die Treppe dient lediglich zur Wartung der Röhren, die das Rathaus durchziehen und stets für frische Luft sorgen.

29. Januar

Wendeltreppe im Rathausturm

Die Kaischuppen auf dem Kleinen Grasbrook, erbaut von 1908 bis 1912, bilden das letzte Ensemble dieser Art im Hamburger Hafen. Bis in die 1980er Jahre wurden hier noch die Ladungen vieler Seeschiffe gelöscht. Seit 1986 trägt das Museum der Arbeit in den glücklicherweise erhalten gebliebenen Gebäuden eine einzigartige Sammlung zur Hafengeschichte zusammen.

30. Januar

Das Hafenmuseum auf dem Kleinen Grasbrook: Schuppen 50A

Neben der Silhouette des Michel (ganz links) sind vor den beleuchteten Fassaden am Vorsetzen und Baumwall die Masten der Rickmer Rickmers, der Stückgutfrachter Cap San Diego und ganz rechts der Turm des Hamburg Trade Centers zu erkennen.

31. Januar

Vollmond über Elbe und Stadt

Mit ihren 164 Hektar bildet die Außenalster in den wärmeren Jahreszeiten ein viel befahrenes Segel- und Ruderrevier. Darüber hinaus ist der künstlich gestaute Binnensee seit der Stadterweiterung im 19. Jahrhundert mit seinen angrenzenden Parks und Villen ein beliebtes Wohn- und Erholungsgebiet für die Hamburger und ihre Gäste.

1. Februar

Blick über die Außenalster von der Schönen Aussicht Richtung Fernsehturm

Das Bergedorfer Schloss geht auf eine erstmals 1212 erwähnte Wasserburg zurück, von der noch Reste unter dem Ostflügel erhalten sind. Das heute sichtbare Gebäude wurde im 17. Jahrhundert errichtet, der Torturm und der Garten wurden zwischen 1896 und 1908 neu gestaltet.

2. Februar

Schlussstein im Gewölbe des Bergedorfer Schlosses

Seit 1911 befahren Züge der Hamburger „Ringbahn“ das inzwischen mehr als 100 Kilometer umfassende Netz. Ziel war und ist es, die entfernteren Wohnquartiere mit dem Hafen und der Innenstadt zu verbinden. Erst seit 1947 gilt offiziell die Bezeichnung U-Bahn, seitdem weisen die blauen Schilder mit dem weißen „U“ den Weg.

3. Februar

U-Bahn-Haltestelle Klosterstern im Art-déco-Stil

U1
U1

Im Stadtteil Rotherbaum – der Name erinnert an einen Schlagbaum, der am Beginn der Rothenbaumchaussee gegenüber dem Dammtor stand – setzte nach Aufhebung der Torsperre 1860 eine stärkere Bebauung ein. Die rasante Entwicklung der Gründerzeit spiegelt sich in der Architektur vieler Gebäude des Stadtteils wider, der auch heute noch von Villen, Etagenhäusern und Terrassen geprägt ist.

4. Februar

Hausfassaden in der Hartungstraße – Rotherbaum

Anfang des 20. Jahrhunderts waren die vom Reeder Albert Ballin eingerichteten Auswandererhallen auf der Elbinsel Veddel Zwischenstation vor der Abfahrt ins Ungewisse, der Abschied von der alten Heimat und der Aufbruch in eine neue Welt. Seit 2007 können Besucher diese Geschichte in der BallinStadt am historischen Ort erleben und selbst erforschen.

5. Februar

BallinStadt – Auswandererwelt Hamburg

Welche Träume nehmen wir mit?
Dreams we are taking with us?
Toleranz
friend
um 1900
um 1880
um 1848
LL.10

Von der nur einseitig bebauten Bellevue hat man wahrlich eine schöne Aussicht auf die Außenalster. Das Ensemble zwischen Eichenpark und Sierichstraße mit seinen prächtigen Reihenvillen gehört zweifellos zu den eindrucksvollsten Stadtlandschaften der Hansestadt.

6. Februar

Außenalster mit Häusern an der Bellevue

Etwa in der Mitte des 112 Meter hohen Rathausturms befinden sich weithin sichtbar auf drei Seiten Uhrenzifferblätter. Das Uhrwerk, ein Glanzstück der Uhrmacherkunst, wird im Inneren des Turms in einem großen Schaukasten wie ein Museumsstück präsentiert.

7. Februar

Die große Uhr am Hamburger Rathausturm

Oberhalb der Elbe, zwischen Landungsbrücken und Reeperbahn, steht das 2007 fertiggestellte Empire Riverside Hotel. Zusammen mit den umliegenden Gebäuden bildet es die neue „Hafenkrone“, die der Skyline der Stadt ein anderes Gesicht gibt.

8. Februar

Das Empire Riverside Hotel an der Bernhard-Nocht-Straße

Die 1864 von dem Architekten Johann Hermann Maack erbaute Lombardsbrücke ersetzte die ursprünglich hölzerne Alsterüberquerung. Eine neue Brücke war wegen der Eisenbahnverbindung zwischen Hamburg und Altona notwendig geworden. Die Kugelkandelaber mit ihren reich geschmückten Sockeln sind weithin sichtbar.

9. Februar

Engel mit Hamburger Wappen an der Lombardsbrücke

Nur noch die Brücke des Schiffs ragt über den Rand des Schwimmdocks von Blohm + Voss hinaus. Zum Eindocken werden die Tanks des riesigen Hohlkörpers geflutet. Die Aufenthalte im Dock dienen nicht nur Reparaturarbeiten, sondern sind auch für die Abnahme des Schiffs-TÜV notwendig.

10. Februar

Filigran erheben sich Kräne über den Schwimmdocks von Blohm + Voss

Das Stella-Haus wurde 1922 von den Architekten Zauleck & Hormann gebaut. Das Besondere ist seine hellblaue Fassade, die es zu einem der elegantesten und schönsten Hamburger Kontorhäuser macht. Einzigartig ist auch seine Logenlage mit direktem Blick auf den Hafen.

11. Februar

Das Stella-Haus am Rödingsmarkt

STELLA-HAUS

Der Blick, den man von der Schönen Aussicht über die Außenalster hat, ist einzigartig. Zu allen Jahreszeiten bildet das weite Becken der künstlich gestauten Alster das landschaftliche Zentrum Hamburgs. Hinter der durch wechselnde Lichtstimmungen sich ständig verändernden großen Wasserfläche zeichnet sich die Silhouette der Stadt nur schemenhaft ab.

12. Februar

Blick von der Schönen Aussicht auf die Silhouette der Innenstadt

Zwischen Landungsbrücken und Rödingsmarkt verläuft die Trasse der U-Bahn seit 1912 oberirdisch. Eine stabile Eisenkonstruktion prägt das Hochbahn-Viadukt. Der Blick aus den Waggons auf den Hafen ist erstklassig.

13. Februar

Am Baumwall ist die U-Bahn eine Hochbahn

Die Alte Holstenstraße war früher die Verbindung von Hamburg nach Holstein. Seit den 90er Jahren des 20. Jahrhunderts gehört sie zur Fußgängerzone von Bergedorf, das erst mit dem Groß-Hamburg-Gesetz von 1937 Stadtteil von Hamburg wurde.

14. Februar

Alte Holstenstraße in Bergedorf

Hamburg ist eine grüne Metropole. In keiner anderen Großstadt Europas verbindet sich das Flair einer Millionenstadt so intensiv mit der Faszination ihrer Natur- und Freizeiträume – und der großartigen Szenerie einer Wasserlandschaft mitten in der Stadt.

15. Februar

Am Ufer der Außenalster

Einen Hauch von Italien vermitteln die vom Architekten Alexis de Chateauneuf zwischen 1842 und 1846 errichteten Alsterarkaden. Durch Brandstiftung wurde das bedeutende städtebauliche Ensemble in der Silvesternacht 1989/90 schwer beschädigt, aber danach wieder aufwendig rekonstruiert.

16. Februar

Alsterarkaden, Kleine Alster und Rathaus

amburger Sparkasse

Aus einem Moorloch wurde beim Ausbau der Uhlenhorst der Feenteich mit seiner exklusiven Stadthausbebauung. Das seit 1965 als Gästehaus des Senats genutzte Gebäude rechts im Bild wurde 1868 von dem Rathausarchitekten Martin Haller errichtet. Erster Staatsgast war Königin Elizabeth II. von England.

17. Februar

Der Feenteich mit dem Gästehaus des Senats

Gesehen durch das Teleobjektiv scheinen sie nahe beieinander zu stehen: die Katharinenkirche mit ihrem 1957 wiedererrichteten Turmhelm, die im neugotischen Stil aufragende Spitze eines Speichers in der Speicherstadt und der markante Turm des Hamburger Rathauses.

18. Februar

Drei Türme: Katharinenkirche, Speicher, Rathaus

GLORIA

Ursprünglich standen entlang der 1827 bis 1830 angelegten Esplanade klassizistische Gebäude. Obwohl von den verheerenden Bombenangriffen im Zweiten Weltkrieg weitgehend verschont und unter Denkmalschutz stehend, wurden seit 1958 Häuser abgebrochen. Von der Erstbebauung blieb nur die Nummer 37 erhalten.

19. Februar

Portal an der Esplanade

37

Eines der wenigen erhaltenen Zeugnisse des alten Hamburgs: die Deichstraße mit ihren Außendeichhäusern. Die Rückseite der vielfach erst nach 1972 vom Verein „Rettet die Deichstraße“ restaurierten Häuser reicht direkt an das Nikolaifleet.

20. Februar

Nikolaifleet und Deichstraße

Die Außenalster: Dank ihres stetig flimmernden Lichts, den wechselnden Farbstimmungen, den auf ihr tanzenden Booten, ihrer grünen Ufersäume und der einmaligen Lage inmitten einer pulsierenden Stadt ist sie immer wieder ein beliebtes Motiv für Maler und Fotografen.

21. Februar

Die Hamburg Südamerikanische Dampfschifffahrts-Gesellschaft wurde 1891 gegründet. Seither hat sich das heute als Hamburg Süd firmierende Unternehmen zu einer der größten Containerreedereien der Welt entwickelt.

22. Februar

Im Spiegelbild: Fassade der Reederei Hamburg Süd und der Turm der Nikolaikirche

Alexis de Chateauneuf (1799–1853) war ein Bewunderer Karl Friedrich Schinkels und ein großer Baumeister, der mit seinen Entwürfen Hamburgs Stadtbild in der ersten Hälfte des 19. Jahrhunderts entscheidend mitprägte – so schuf er nach dem Großen Brand von 1842 auch die Alsterarkaden. An der Kurt-Schumacher-Allee, Ecke Nagelsweg, befindet sich dieses Portal, das ebenfalls von ihm 1831 entworfen wurde.

23. Februar

Portal an der Kurt-Schumacher-Allee, Ecke Nagelsweg

ANNO. DOM. 1831. A d C.

Erstmals wurde 1356 das „Convivium Eines Ehrbaren Rathes“ am 24. Februar, dem Tag des heiligen Matthias, im Eimbeck’schen Haus abgehalten. Heute findet das Matthiae-Mahl mit über 400 Ehrengästen jeweils Ende Februar im Großen Festsaal des Rathauses statt.

24. Februar

Das Matthiae-Mahl findet alljährlich im Hamburger Rathaus statt

Dalben: Ohne sie wäre kein Hafen funktionstüchtig. An diesen in den Boden gerammten Pfählen oder Pfahlgruppen können Schiffe festmachen. Der Name geht auf den spanischen Kriegsherrn Herzog von Alba (Duc d'Alba) zurück, der seine Schiffe während der holländischen Befreiungskriege an solchen Pfählen anlegen ließ.

25. Februar

Duckdalben – im Hintergrund die Rickmer Rickmers und das Hamburg Trade Center

Die Alte Post und die Alsterarkaden geben den Blick frei auf den Fernsehturm. Der 204 Meter hohe Heinrich-Hertz-Turm, von dessen Aussichtsplattform man eine grandiose Sicht auf die Hansestadt hat, wurde 1968 seiner Bestimmung übergeben. Inklusive Antenne misst er 279 Meter.

26. Februar

Überraschende Perspektive: die Alte Post (links), der Fernsehturm und eine Ecke der Alsterarkaden (rechts)

Angesichts des Wirrwarrs an Kränen und anderen Hilfsmitteln zum Be- und Entladen und zum Bauen und Reparieren der Schiffe ist es kaum vorstellbar, wie das alles reibungslos ineinandergreifen kann. Wie eine große Maschine, die von Menschen gesteuert wird, funktioniert dieses System – tagein, tagaus.

27. Februar

Blick vom Fähranleger Altona auf die gegenüberliegende Hafenseite

Mit dem Bau der Verbindungsbahn zwischen Altona und dem heutigen Hauptbahnhof wurde auch der Dammtor-Bahnhof in Betrieb genommen. Das 1903 abgerissene Gebäude wurde durch einen Jugendstil-Hallenbau ersetzt, der den Beinamen „Kaiserbahnhof" erhielt und der nach seiner Restaurierung Anfang des 21. Jahrhunderts als einer der schönsten Bahnhöfe Europas gilt.

28. Februar

Der Dammtor-Bahnhof abends

In nur wenigen Stunden werden die Containerriesen, die Hamburg anlaufen, ent- und beladen. Hamburg gilt als einer der schnellsten Häfen der Welt. Zur Zeit der Aufnahme jagen Sturmwolken über Hamburg. Silbrig bricht sich das Sonnenlicht auf der windgepeitschten Elbe – Sturmflutwetter.

1. März

Von Neumühlen geht der Blick hinüber auf die Containerbrücken am Athabaskakai

HHLA
EUROGATE
EUROGATE
MARE INTERNUM
10

Wie ein Gebäudemeer liegt Hamburgs Innenstadt im Dunst des Abendlichts – nur die weithin sichtbaren Türme des Rathauses (ganz links), von St. Petri, St. Michaelis, St. Nikolai und St. Katharinen (rechts) ragen aus der engen Stadtbebauung heraus.

2. März

Über den Dächern von Hamburg: Blick vom Atlantic Haus Richtung Osten

CONDOR

Nicht immer können die vom Hafenlotsen übernommenen Schiffe ohne die Hilfe eines Schleppers ihren Liegeplatz erreichen. Diese Kraftpakete helfen beim Wenden, Rückwärtsfahren und An- und Ablegen. Schlepper sind besonders manövrierfähig, weil sie über einen speziellen Antrieb verfügen.

3. März

Arbeitstreffen: Schlepper und Containerschiff im Morgennebel

Aufgrund vieler Faktoren, unter anderem der Klimaerwärmung und der Elbvertiefung, läuft in Hamburg das vom Rhythmus der Gezeiten beeinflusste Wasser der Elbe bei Sturmfluten immer höher und schneller auf. Der Fischmarkt, der nicht durch Sturmflutmauern geschützt ist, steht häufiger unter Wasser als früher.

4. März

Hochwasser am Fischmarkt

Vom dem 1903 auf dem Rathausmarkt enthüllten Kaiser-Wilhelm-Denkmal sind nur noch zwei Flaggenmasten übrig geblieben. Auf dem Sockel des Masts für die Hamburger Flagge ist im unteren Bereich Blattwerk zu sehen, darüber Allegorien von Handel und Schifffahrt.

5. März

Sockel eines der Flaggenmasten vor dem Rathaus

Das wöchentlich erscheinende Nachrichtenmagazin „Der Spiegel" wurde 1946 in Hannover gegründet. Schon ein Jahr später übernahm Rudolf Augstein das Blatt, das seit 1951 in Hamburg erscheint. Mit einer Auflage von mehr als einer Million Exemplaren gehört „Der Spiegel", der sich einem kritischen Journalismus verpflichtet fühlt, zu den wichtigsten Presseorganen der Bundesrepublik.

6. März

Das Spiegel-Haus, die Nikolaikirche und der Michel

Die St. Pauli-Landungsbrücken wurden von 1906 bis 1910 nach Plänen der Architekten Raabe und Wöhlecke errichtet. Der Turm mit seiner Uhr befindet sich am Ostende.

7. März

Turm der Landungsbrücken und die Masten eines Großseglers

Erstmals ist der Hamburger Dom für das Jahr 1329 belegt. Der Name geht auf ein marktartiges Handelstreiben zurück, das am Dom stattfand. Nach dem Abbruch der Domkirche (1804 bis 1807) fand der traditionelle Weihnachtsmarkt auf dem Gänsemarkt statt, seit 1892 auf dem Heiligengeistfeld. Heute gibt es einen Frühlings-, Sommer- und Winterdom.

8. März

Hamburger Frühlingsdom

Die drei markanten Mundsburg-Türme sind das weithin sichtbare Wahrzeichen des gleichnamigen Stadtteils. Die rund 100 Meter hohen Wohn- und Geschäftshäuser wurden 1973 fertiggestellt. Am rechten Bildrand ist die 1885 geweihte St. Gertrud-Kirche in Hohenfelde zu erkennen. Sie entstand in der Formensprache der Hannoverschen Schule, die auch die Speicherstadt prägte. Für den Baukörper wurden 460 Sorten Backstein verwendet.

9. März

Blick über die Alster auf den Schwanenwik

MUNDSBURG

Die heilige Katharina, die Namensgeberin der St. Katharinen-Kirche gegenüber der Speicherstadt, ist gleich dreimal an und in dem Gotteshaus zu sehen – als Skulptur auf dem Ostgiebel, als Figur an der Südseite des Turms und mit Krone und zerbrochenem Rad als Holzfigur aus der ersten Hälfte des 15. Jahrhunderts im Südschiff.

10. März

Die heilige Katharina in der St. Katharinen-Kirche

Mit dem Teleobjektiv aufgenommen: links die St. Pauli-Landungsbrücken, ganz rechts der Turm von St. Katharinen. Dazwischen liegt die 1907 eingeweihte Schwedische Gustaf-Adolfs-Kirche, die zunächst als Seemannskirche für die skandinavischen Schiffsbesatzungen gedacht war. Heute dient sie der wachsenden Zahl von Geschäftsleuten, Studenten und Touristen als Treffpunkt.

11. März

Vollmond über den Landungsbrücken

Ein Giebel des Bergedorfer Schlosses spiegelt sich im Wasser des ehemaligen Befestigungsgrabens. Das Bergedorfer Schloss vereinigt in seinem heutigen Erscheinungsbild alle Phasen seiner Entstehungsgeschichte. Während sich unter dem Ostflügel noch mittelalterliche Mauerreste finden, wurde der Nordtrakt im Stil der norddeutschen Backsteingotik von 1897 bis 1901 neu gestaltet.

12. März

Das Bergedorfer Schloss

Hinter den Vorboten des Frühlings zeichnet sich schemenhaft die Hamburger Binnenalster mit ihrer großartigen Bebauung ab. Sie ist der kleinere Teil des Alsterbeckens. Ihre heutige Gestalt hat sie erst nach dem Großen Brand von 1842 erhalten.

13. März

Kirschbaumblüte an der Lombardsbrücke

Noch aus der Zeit um die Jahrhundertwende (1887 bis 1899) erhalten ist die erste Straßenverbindung von Hamburg nach Harburg, die über die Süderelbe führt. Die Sandsteinportale der Alten Harburger Elbbrücke waren ursprünglich von preußischen Adlern bekrönt.

14. März

Die Alte Harburger Elbbrücke

5

Die Überseebrücke wurde 1930 von der Reederei Hamburg Süd errichtet. Hier liefen einst Fähren nach England und Kreuzfahrtschiffe in die ganze Welt aus, heute starten von dem Anleger vorwiegend Elb- und Hafenrundfahrten. Die Überseebrücke ist auch der Liegeplatz des Museumsschiffs Cap San Diego, rechts liegt die Rickmer Rickmers an den Landungsbrücken.

15. März

Baumwall und Überseebrücke mit der Cap San Diego
und dem Großsegler Rickmer Rickmers

P & A

Die bis 1888 im Backsteinkleid errichteten neugotischen Bauten der Speicherstadt wurden von ihrem Architekten Franz Andreas Meyer mit vielen Details verziert. Der Mann mit den Tabakblättern weist darauf hin, womit in diesem Quartier unter anderem gehandelt wurde.

16. März

Speicherstadt: Tabakhändler am Brook

9

Die U-Bahn-Haltestelle Steinstraße wurde 1960 eröffnet. Mit rund 56 Kilometern ist die Linie U1 die längste Strecke im Hamburger U-Bahn-Netz, sie verbindet die schleswig-holsteinischen Gemeinden Ohlstedt/Großhansdorf und Norderstedt mit der Hamburger Innenstadt.

17. März

U-Bahn-Haltestelle Steinstraße

Wie Spielzeuge sehen die riesigen Containerkräne und das am Pier liegende Schiff aus der Vogelperspektive aus. Der Transport mit genormten Behältern (Containern) hat Schifffahrt und Umschlag grundlegend verändert.

18. März

Containerhafen Tollerort

Erst nach dem Zweiten Weltkrieg wurde ein Teil des 1935 gestalteten Parks Planten un Blomen zum Messegelände ausgebaut. In den citynah gelegenen modernen Hallen finden heute bedeutende internationale Messen statt. Eine Fußgängerbrücke über die Karolinenstraße verbindet die Hallen miteinander.

19. März

Messehallen und Fernsehturm

Die St. Georg, der 1876 gebaute und älteste noch fahrende Alsterdampfer, nähert sich gemächlich dem Anleger am Jungfernstieg. Seit 1859 verbinden Schiffe im Linienverkehr die Innenstadt mit den Stadtteilen Winterhude und Uhlenhorst.

20. März

Binnenalster mit Jungfernstieg

Der Stückgutfrachter Cap San Diego wurde 1962 in Hamburg gebaut und liegt seit 1986 als fahrtüchtiges Museumsschiff an der in den 1950er Jahren neu errichteten Überseebrücke.

21. März

Ankerkette der Cap San Diego

Die „Strandperle“, der legendäre Treff für alle, die sehen und gesehen werden wollen, ist längst kein Geheimtipp mehr. Hier sind Frühlings- und Sommerabende mit Blick auf den Containerhafen durch fast nichts zu toppen.

22. März

Die „Strandperle“ am Övelgönner Elbufer

Das vor allem von seinem ersten Direktor Justus Brinckmann geprägte, 1877 gegründete Museum für Kunst und Gewerbe verfügt neben seiner Jugendstilabteilung und einer Sammlung asiatischer Kunstwerke unter anderem auch über eine umfangreiche Musikinstrumentensammlung, die im Schümann-Flügel ihren Platz hat.

23. März

Die Musikinstrumentensammlung im Museum für Kunst und Gewerbe

In der engen Reimerstwiete in der Hamburger Altstadt sind noch wenige alte Wohn- und Speicherhäuser erhalten. Sie sind die letzten Zeugnisse der Fachwerkbauweise, die Hamburg bis ins 19. Jahrhundert hinein prägte.

24. März

Fassaden an der Reimerstwiete

Wie viele Gebäude in der Hamburger Innenstadt fiel auch der mittelalterliche Bau von St. Petri dem Großen Brand von 1842 zum Opfer. Auf den alten Fundamenten entstand eine dreischiffige Hallenkirche mit etwa gleich hohen Gewölben und einem mächtigen Westturm. Das abgebildete Kreuzrippengewölbe zeichnet sich durch schmale Gurtrippen aus, die moderne Orgel baute 1955 Rudolf von Beckerath.

25. März

Kreuzrippengewölbe und Orgel von St. Petri

Durch die an der Glasscheibe herunterrinnenden Regentropfen offenbart sich ein ungewöhnlicher Blick auf die Cap San Diego und die Hafenkante – ein fotografisches Aquarell.

26. März

Dauerregen an der Überseebrücke

Wie ein Scherenschnitt zeichnen sich die Silhouetten der Arbeitskräne bei Blohm + Voss und die U-Bahn-Station Baumwall vor der untergehenden Sonne ab. Die Bahnhofshalle wurde in Anlehnung an die Architektur der Hafenschuppen gestaltet.

27. März

Sonnenuntergang am Baumwall

Die Laeiszhalle – Musikhalle Hamburg am Johannes-Brahms-Platz ist eine Stiftung des Hamburger Reeders Carl Heinrich Laeisz. Erbaut wurde sie 1904 bis 1908 von Martin Haller und Emil Meerwein im neobarocken Stil.

28. März

Putten am Giebel der Laeiszhalle

Der vor den ehemaligen Wallanlagen gelegene Erholungspark wurde im Zuge der 1935 durchgeführten Gartenschau „Planten un Blomen“ umgestaltet und nach dem Zweiten Weltkrieg nach den Vorstellungen moderner Gartengestaltung erneuert.

29. März

Osterglocken in Planten un Blomen

Hamburgs zentraler Landschaftsraum, die Alster, gehört mit seiner wunderschönen Villenbebauung – wie hier an der Bellevue – zu den attraktivsten Wohnquartieren der Stadt. Besonders stimmungsvoll sind im Frühjahr die stetig wechselnden Farbstimmungen und die Kulisse der in zarten Tönen erblühenden Uferbepflanzung.

30. März

Alsterpark und Winterhuder Villenbebauung

Vom Schwimmdock bei Blohm + Voss streift der Blick elbabwärts in die Ferne, um schließlich die von Fritz Schumacher erbaute Lotsenstation am Bubenday-Ufer zu erspähen. Das Hochhaus rechts im Hintergrund steht auf der Halbinsel Finkenwerder.

31. März

Abendstimmung über Hafen und Elbe

Die Panoramaaufnahme von der Hamburger Innenstadt mit ihren wie komponiert daliegenden Wasserflächen reicht von der Elbe mit den Landungsbrücken (links) und der Überseebrücke (Bildmitte) über den Vorsetzen mit dem Niederhafen und der Kehrwiederspitze, der klar konturierten Binnenalster bis zur am Horizont sich verlierenden Bebauung rund um die Außenalster.

1. April

Blick nach Norden von der Elbe bis zur Außenalster

Die Cap San Diego ist das weltgrößte seetüchtige Museums-Frachtschiff. Nach einer Bauzeit von nur fünf Monaten lief 1961 der von der Reederei Hamburg Süd in Auftrag gegebene Frachter bei der Deutschen Werft vom Stapel. Danach verkehrte die Cap San Diego im regelmäßigen Liniendienst zwischen Europa und der Ostküste Südamerikas. Im Jahr 1981 wurde sie verkauft, zurückgechartert, wieder verkauft und schließlich von der Freien und Hansestadt Hamburg 1986 unmittelbar vor dem Verschrottungstermin gerettet.

2. April

Anker der Cap San Diego

98 32
96
94 31
92 30

Wie hier in Kirchwerder stehen zu Ostern riesengroße Scheiterhaufen in Flammen. Es gehört zur Tradition, dass diese Freudenfeuer, die den Winter austreiben sollen, von den Kindern und Jugendlichen des Viertels zusammengetragen und angezündet werden. Doch die Zeit der turmhohen Feuersäulen ist vorbei, die Behörden haben inzwischen strenge Auflagen erlassen.

3. April

Osterfeuer an der Elbe

Das Wahrzeichen von Wilhelmsburg ist die Windmühle „Johanna“ an der Schönenfelder Straße. Der 1874/75 neu erbaute Galerieholländer geht auf einen Vorgängerbau von 1582 zurück. Das zugehörige Müllerhaus stammt aus dem 18. Jahrhundert.

4. April

Die Wilhelmsburger Mühle „Johanna“

Die Szenerie westlich der Speicherstadt hat sich in den letzten Jahren stark verändert. An der Kehrwiederspitze sind zahlreiche Neubauten entstanden. Im von Freizeitkapitänen genutzten Niederhafen liegt das ehemalige Feuerschiff, in dem heute ein Restaurant betrieben wird.

5. April

Leuchtfeuer des Feuerschiffs im Niederhafen mit Kehrwiederspitze

Immer wieder ist der Blick über den Zollkanal auf die Speicherstadt spektakulär. Obwohl im Zweiten Weltkrieg über 50 Prozent des Ensembles zerstört wurden, vermittelt es einen geschlossenen Eindruck. Zu verdanken ist dies dem Architekten Werner Kallmorgen, der die meisten Ruinen rekonstruieren ließ und – je nach Zerstörungsgrad – entstandene Lücken im Stil der Nachkriegsmoderne mit Neubauten versah.

6. April

FLEETENKIEKER

Elegant schwingt die Köhlbrandbrücke in luftiger Höhe über die Süderelbe und den Rugenberger Hafen. Die 1974 fertiggestellte Brücke ist zu einer Ikone des Hamburger Stadtbildes geworden.

7. April

Die Köhlbrandbrücke im Abendrot

Tag und Nacht werden an den Kaianlagen des Hamburger Hafens – wie hier am O'Swaldkai der Hamburger Hafen und Logistik AG – Schiffe be- und entladen. Im Vordergrund ein Roll-on-roll-off-Frachter, links dahinter ein Autotransporter.

8. April

Am O'Swaldkai im Freihafen

HORN-LINIE
HORNCLIFF
MONROVIA

Das Hamburger Rathaus ist nicht nur der Amtssitz des Ersten Bürgermeisters und Tagungsstätte des Senats. Hier werden auch die Bürgerschaftssitzungen im Plenarsaal abgehalten und Staatsgäste empfangen. Dafür stehen verschiedene Säle, unter anderem der Große Fest- und der Kaisersaal, zur Verfügung. Dieses Foto des Rathauses wurde bei strömendem Regen durch eines der Turmfenster von St. Petri aufgenommen.

9. April

Das Hamburger Rathaus als Impression

Mehrfach musste die auf dem hohen Geestufer der Elbe gelegene Nienstedtener Kirche wegen Abbrüchen und Abspülungen einen neuen Standort erhalten. Der letzte Fachwerkbau der bestehenden Kirche wurde 1751 fertiggestellt. Nach Westen hin ist die wunderschöne Kirche durch eine Backsteinmauer abgeschlossen, über der sich der Giebelturm erhebt. Im Inneren spannen sich auf beiden Seiten Emporen. Der Kanzelaltar stammt von 1750.

10. April

Tulpenblüte an der Elbchaussee mit Blick auf die Nienstedtener Kirche

Die Mitte des 13. Jahrhunderts gegründete Hauptkirche St. Katharinen wurde 1943 beim großen Bombenangriff auf Hamburg schwer beschädigt, die reiche Ausstattung des Innenraums verbrannte fast vollständig. Während das Äußere nach alten Plänen wiederhergestellt wurde, verstärkte sich der Wunsch nach einer zeitgemäßen Neugestaltung des Innenraums. Mit der weißen, zurückhaltenden Raumauffassung gelang eine Reihe eindrucksvoller Sichtachsen – wie etwa der Blick vom Westeingang durch das Langhaus zum Chor mit seinem prächtigen Gloriafenster.

11. April

Innenraum der Katharinenkirche

327 1-2
622 1-2
511
515
295
327 1-2
622 1-2
511
515
295
171

Der Blick vom Parksee geht über die Zentralachse zum 1930 eröffneten Planetarium, das 1913 unter der Leitung von Oberbaudirektor Fritz Schumacher zunächst als Wasserturm erbaut worden war.
Die Festwiese im Stadtpark erfreut sich bei Sonnenschein größter Beliebtheit.

12. April

Im Stadtpark

PLANETAR
ALSTERSCHIPPER

Die Stadthausbrücke 8 (links) ist heute der Sitz der Baubehörde. Der im Zweiten Weltkrieg stark zerstörte Komplex war ursprünglich ein ausnahmsweise nicht aus Backstein errichtetes Verwaltungsgebäude von Fritz Schumacher. In der Bildmitte der Fleethof, ganz rechts das von der Architektengruppe Gerkan, Marg und Partner errichtete Deutsch-Japanische Zentrum.

13. April

An der Stadthausbrücke

Seit 1884 ist der Begriff Speicherstadt geläufig. Besonders die Brückenbauten setzen das einmalige, bis 1888 vollendete Ensemble in Szene, sie verbinden es mit dem Südrand der Innenstadt. Nach dem Zweiten Weltkrieg ist nur die Kornhausbrücke mit ihren 1903 errichteten Statuen der Entdecker Vasco da Gama und Christoph Kolumbus erhalten geblieben.

14. April

Auf der Kornhausbrücke halten Christoph Kolumbus (links) und Vasco da Gama Wache

Weit reicht der Blick vom Kaispeicher B, in dem das Internationale Maritime Museum Hamburg seine Exponate zeigt, über die Türme und Giebel der Speicherstadt hinüber zum Wahrzeichen der Stadt, dem Michel.

15. April

Über den Dächern der Speicherstadt

Von Ufer zu Ufer: Besonders beeindruckend sind die Aussichten vom nördlichen Geestufer der Elbe auf die Hafenszenerie. Die Hafenkulisse ist ständig in Bewegung – vor allem im Containerhafen.

16. April

Strandspaziergang am Elbufer in Övelgönne mit Blick auf den Hafen

Rund um die Außenalster haben zahlreiche Hamburger Traditionssegelvereine ihre Clubhäuser gebaut und davor die Liegeplätze ihrer Boote angelegt. Auf dem „Binnenmeer“ mitten in der Stadt finden nicht nur unzählige Freizeitsportler Entspannung, sondern es wird auch richtiger Wassersport geboten. Gefürchtet sind die oft widrigen Windverhältnisse mit plötzlich auftretenden Fallwinden.

17. April

Regatta auf der Außenalster

GER
939
GER925
GER
920
GER

Die Handwerkskammer Hamburg hat ihren Sitz in einem Gebäude am Holstenwall, das von Fritz Schumacher 1912 bis 1915 als „Gewerbehaus“ erbaut wurde. Das Innere des Backsteinbaus ist in zwei Bereiche mit je einem eigenen Treppenhaus unterteilt: eines für die Handwerkskammer (rechts), das andere für die Innungen.

18. April

Treppenaufgang in der Handwerkskammer am Holstenwall

Als Barkasse wird im Hamburger Hafen ein Motorboot bezeichnet, das häufig einen überdachten Fahrerstand besitzt und als Transportmittel für Güter und Menschen benutzt wird. Die robusten und wendigen, besonders niedrigen Boote befördern heute zumeist Besucher des Hafens in die Speicherstadt und an die Liegeplätze der Schiffsriesen. Im Vordergrund der Binnenhafen, rechts der Kajen, links hinten das Sloman-Haus.

19. April

Barkassen im Binnenhafen

NORDMAN
CREMON II
CREMON I

Blick auf die letzte verbliebene Großwerft im Hamburger Hafen, die heute zum ThyssenKrupp Konzern gehörenden Betriebsanlagen von Blohm + Voss. Im riesigen Trockendock werden vor allem die Unterwasserbereiche der Schiffe gereinigt, überholt und repariert.

20. April

Blick vom Stintfang auf die St. Pauli-Landungsbrücken
und die Werftanlagen von Blohm + Voss

BLOHM+VOSS DOCK ELBE 17
TIANSHUNHAI
PANAMA

Auch das gibt es wieder auf der Elbe: Ein Fischkutter im Sonnenglast bei der Arbeit. In den letzten Jahren hat sich aufgrund der stetig steigenden Qualität des Elbwassers der Bestand an Fischen deutlich erholt. Sogar Stinte und Lachse gehen wieder in die Netze der allerdings selten gewordenen Fischer.

21. April

Elbfischer vor Finkenwerder

Seit 1892 wird das Hamburger Volksfest – der Dom – auf dem Heiligengeistfeld abgehalten. Zum Winterdom gesellt sich seit 1947 der Sommerdom und seit 1948 der Frühlingsdom, der jedes Jahr für 30 Tage im März und April stattfindet.

22. April

Hamburger Dom

KEESE
HOTEL
KEESE
HOTEL IMPERIAL
HOTEL IMPERIAL

Die Luftaufnahme der Pfarrkirche St. Johannis zeigt sehr schön den Turmhelm von 1751 und das gesamte Ensemble, das mittelalterlichen Ursprungs ist. Hier liegt nicht nur der alte Kern von Eppendorf, sondern auch der Übergang über den Alsterbogen nach Winterhude.

23. April

St. Johannis-Kirche in Eppendorf

Das von dem bedeutenden Architekten Fritz Schumacher gebaute Museum für Hamburgische Geschichte (hamburgmuseum) ist nicht nur von außen imposant. Auch die Treppenhalle, die die einzelnen Etagen mit ihren kulturhistorischen Sammlungen zur mehr als 800-jährigen Geschichte der Stadt miteinander verbindet, beeindruckt durch Monumentalität.

24. April

Ehrenhalle des hamburgmuseums

Zur Obstbaumblüte zieht es Tausende von Hamburgern ins Alte Land. Besonders grandios ist der Anblick von Millionen blühender Kirsch- und Apfelbäume aus der Vogelperspektive, aber auch von den hoch gelegenen Deichkronen ist das Blütenmeer ein eindrucksvolles Erlebnis.

25. April

Obstbaumblüte im Alten Land

Die St. Michaelis-Kirche gerahmt von St. Jacobi (links) und St. Petri und dem Hamburger Rathaus (rechts). Im Hintergrund sind die Elbe und Containerbrücken zu sehen.

26. April

Blick vom Berliner Tor Center auf die Innenstadt

Der 1904 gebaute Dampfschlepper Woltman ist neben dem ehemaligen Senatsdampfer Schaarhörn eines der wenigen noch erhaltenen seegängigen Schiffe mit Dampfbetrieb und einem kohlebefeuerten Kessel. Der Oldtimer, der eigentlich im Museumshafen liegt, wird gerade auf der Elbe vor Övelgönne von dem Ausflugsschiff Hammonia überholt.

27. April

WOLTMAN
HAMMONIA

Von der Straße Bei den Mühren geht der Blick über den nicht sichtbaren Zollkanal auf die historische Speicherstadt.

28. April

Blick auf die Speicherstadt

Block P

Hamburgs Prachtboulevard, der Jungfernstieg, präsentiert sich besonders am Abend in nobler Anmutung. Vor der großzügig gestalteten Freitreppenanlage haben die Alsterdampfer festgemacht.

29. April

Der Jungfernstieg am Abend

ALSTERHAUS
Dresdner Bank
ALSTERSCHIPPER
HAMBURG

Besonders im Frühjahr ist ein Spaziergang vom Museum für Hamburgische Geschichte (hamburgmuseum) durch die Großen und Kleinen Wallanlagen bis zum Park Planten un Blomen ein Muss für jeden Pflanzen- und Naturliebhaber.

30. April

In den Großen Wallanlagen

Zu den vornehmen Adressen Hamburgs zählen die Villen und Eigentumswohnungen am Rondeel, einer nach ihrem bogenförmigen Verlauf benannten Straße, die an dem von Gärten umgebenen Rondeelteich liegen.

1. Mai

Am Rondeelteich

Seit 1990 liegt der ehemalige Senatsdampfer Schaarhörn wieder im Hamburger Hafen. Es ist der Stiftung „Hamburg Maritim" zu verdanken, dass das 1908 gebaute und zunächst als Peildampfer und später als Senatsjacht fahrende Schiff nach langer Odyssee wieder an die Elbe zurückkehrte und vollständig restauriert wurde.

2. Mai

Bug der Schaarhörn und der Luxussegler Sea Cloud II

Hinter den blühenden Apfelbaumzweigen ist die auf einer Düne gelegene, 1682 erbaute St. Pankratius-Kirche von Neuenfelde zu sehen. Das barock ausgestattete Gotteshaus beherbergt unter anderem eine Orgel des berühmten und hier auch begrabenen Orgelbauers Arp Schnitger.

3. Mai

Obstbaumblüte in Neuenfelde

Die ehemalige Fischer- und Lotsensiedlung Övelgönne mit ihren verwinkelten Fachwerk- und Backsteinhäusern direkt am Elbstrand ist seit dem 19. Jahrhundert ein beliebtes Ausflugsziel für Hamburger und Besucher der Stadt.

4. Mai

Övelgönne mit „Strandperle“ und Schulberg

RETTET DAS MÜHLENBERGER LOCH
STOPPT A 3XX

Das Rathaus der Stadt Altona wurde 1896 bis 1898 im Stil der Neorenaissance von Stadtbaumeister Emil Brandt errichtet. Das Reiterstandbild Kaiser Wilhelms I. schuf Gustav Eberlein 1897. An der allegorischen Darstellung des Giebelfeldes über dem Haupteingang hat auch Ernst Barlach mitgearbeitet. Erst 1937 wurde Altona ein Stadtteil von Hamburg.

5. Mai

Das Altonaer Rathaus

Vom Fußweg zwischen Ballindamm und Lombardsbrücke hat man einen herrlichen Blick über die 18 Hektar große Binnenalster und auf den Jungfernstieg.

6. Mai

Frühlingsstimmung an der Lombardsbrücke

Seit vielen Jahren wird der Hafengeburtstag jeweils Anfang Mai gefeiert, obwohl das angeblich am 7. Mai 1189 ausgefertigte Gründungsdokument Kaiser Friedrichs I., genannt Barbarossa, als Fälschung entlarvt wurde. Die darin erteilten Garantien zur freien Schifffahrt bis zur Elbmündung stammen frühestens aus der Zeit seines Enkels, Friedrich II., also aus dem 13. Jahrhundert.

7. Mai

Großseglertreffen zum Hafengeburtstag

Alljährlich besuchen zahlreiche Großsegler, Kreuzfahrtschiffe und andere Wasserfahrzeuge Anfang Mai Hamburg, um gemeinsam mit Hunderttausenden von Besuchern den Hafengeburtstag zu feiern.

8. Mai

Auslaufparade zum Hafengeburtstag

Anlässlich des Hafengeburtstags präsentiert sich auch das Museumsschiff Rickmer Rickmers im Festtagskleid. Das stählerne Frachtsegelschiff der Bremerhavener Reederei Rickmers wurde 1896 auf Stapel gelegt. Nach einer abenteuerlich verlaufenen Schiffsbiografie kaufte 1983 der Verein „Windjammer für Hamburg" den Segler.

9. Mai

Die Rickmer Rickmers ist über die Toppen geflaggt

RICKMER RICKMERS

Das von den Zeitschriftenverlegern John Jahr, Gerd Bucerius und Richard Gruner 1965 gegründete Druck- und Verlagshaus Gruner + Jahr gehört zu den größten Medienunternehmen der Bundesrepublik. Der von 1987 bis 1990 von den Architekten Otto Steidle und Uwe Kiessler gestaltete Neubau setzt markante Akzente am Hafenrand.

10. Mai

Das Verlagshaus Gruner + Jahr

Der 151 Hektar große Stadtpark im Stadtteil Winterhude geht auf eine Idee des Architekten Ferdinand Andreas Meyer zu Beginn des 20. Jahrhunderts zurück. Seine jetzige Gestalt gab ihm ab 1911 Hamburgs berühmter Oberbaudirektor Fritz Schumacher.

11. Mai

Rhododendronblüte im Stadtpark

Das westliche Ufer der Außenalster, das Alstervorland, wurde erst im Rahmen der Internationalen Gartenbauausstellung von 1953 zu einer öffentlichen Grünanlage. Bis dahin grenzten die Villengrundstücke direkt an die Alster. Heute erfreut sich die Promenade größter Beliebtheit.

12. Mai

Café „Cliff" an der Außenalster

CLIFF

Eine Besonderheit des Alten Landes sind die herrlich verzierten Torbögen (Prunkpforten). Vom ehemaligen Wohlstand des von Niederländern kultivierten und mit schnurgeraden Kanälen durchzogenen Marschlandes zeugen nicht nur die allein stehenden Tore, sondern auch die wunderschönen Fachwerkhäuser und reich ausgestatteten Kirchen.

13. Mai

Prunkpforte in Neuenfelde

ORA ET LABORA: DEUS ADERIT SINE MORA
ANNO 1663

Der Jungfernstieg verläuft von der Reesendammbrücke zum Gänsemarkt und war die erste Straße in Deutschland, die asphaltiert wurde (1838). Im ehemaligen Streit's Hotel (Bildmitte) wurde 1841 zum ersten Mal das Deutschlandlied gespielt.

14. Mai

Jungfernstieg mit Binnenalster

STREIT'S HAUS
CIRO

Der vor der ehemaligen Hauptkirche St. Nikolai gelegene Hopfenmarkt war Ende des 19. und Anfang des 20. Jahrhunderts ein Umschlagplatz für Gemüse, das aus den Vierlanden kam, daher der Name des Brunnens. Rund 900 Verkaufsstände sorgten für großes Gedränge.

15. Mai

Vierländerin-Brunnen auf dem Hopfenmarkt

Im Wasser des Alsterbeckens spiegeln sich die Fassaden des Firmensitzes der Hapag-Lloyd AG (links), der Häuserzeile am Jungfernstieg und des Hotels Vier Jahreszeiten (rechts). In der Bildmitte ist die bis zu 60 Meter hohe und abends angestrahlte Alsterfontäne zu sehen.

16. Mai

Blaue Stunde an der Binnenalster

Mit ihrem Friedhofstor und der Strohdachkate bildet die St. Johannis-Kirche in Curslack ein malerisches Ensemble. Das 1306 erstmals genannte Gotteshaus in den Vierlanden erhielt 1763 einen frei stehenden, schindelgedeckten Glockenturm. Ein pittoreskes Detail der Innenausstattung sind die 55 schmiedeeisernen Hutständer aus den ehemaligen Männer-Bankreihen.

17. Mai

Hutständer in St. Johannis in Curslack

Die Fischer- und Lotsensiedlung Övelgönne liegt am Fuße des Geestrückens der Elbe. Immer wieder eröffnen sich faszinierende Perspektiven auf die gut erhaltenen Häuser und von dort auf die Elbe und die vorbeifahrenden Containerriesen.

18. Mai

Övelgönne und die Elbe

HYUNDAI
HYUNDAI

Der Faszination des modernen Hafenumschlags kann man sich besonders in der Dämmerung nicht entziehen. Im Vordergrund der Hafen von Waltershof, im Hintergrund die grüne Hangkante von Othmarschen und Nienstedten. Nirgendwo auf der Welt gibt es dieses unmittelbare Gegenüber von großindustriellem Hafenbetrieb und vornehmsten Wohnlagen.

19. Mai

Blick über Waltershof nach Westen

Die Reitbrooker Mühle, das Wahrzeichen der Marschlande, ist seit 1941 außer Betrieb, kann aber besichtigt werden. Der Galerieholländer wurde 1873 als Schrotmühle neu errichtet, weil die alte Mühle drei Jahre zuvor abgebrannt war. Das daneben liegende Wohnhaus des Müllers ist ebenfalls noch erhalten.

20. Mai

Rapsblüte vor der Mühle Reitbrook in den Marschlanden

So oder so ähnlich hat es am Vorsetzen auch in der zweiten Hälfte des 19. Jahrhunderts, zur großen Zeit der Windjammer, ausgesehen. Heute versammelt sich hier nur noch sehr selten eine so große Armada von liebevoll restaurierten Schiffen.

21. Mai

Mastenwald am Vorsetzen

MARE FRISIUM

Der Turm des hamburgmuseums – Museum für Hamburgische Geschichte spiegelt sich in der Fassade des gegenüberliegenden Bürohauses am Holstenwall. Seine umfangreichen Sammlungen zur Geschichte der Stadt laden zu Reisen in die Vergangenheit ein.

22. Mai

Das hamburgmuseum in ungewöhnlicher Perspektive

Aus 54 Meter Höhe reicht der Blick von der Köhlbrandbrücke über den Container Terminal Waltershof (links) und Steinwerder (rechts) bis zum Geestrücken der Elbe.

23. Mai

Auf der Köhlbrandbrücke

Die hervorragend erhaltenen Fassaden der von 1904 bis 1907 entstandenen Häuser an der Haynstraße in Eppendorf sind typische Vertreter des Hamburger Jugendstils.

24. Mai

2
2

Mit seinem hohen Automatisierungsgrad gilt der Container Terminal Altenwerder als einer der modernsten weltweit. Er wird von der Hamburger Hafen und Logistik AG betrieben. Im Hintergrund zwei Richtfeuer, die den Schiffen den sicheren Weg in den Köhlbrand und die Süderelbe weisen.

25. Mai

Container Terminal Altenwerder

CONTAINER TERMINAL ALTENWERDER
CONTAINER TERMINAL ALTENWERDER

Das Traditionsspringen der Reiterelite über den längsten Parcours der Welt wird seit 1920 auf dem Derbyplatz in Klein-Flottbek ausgetragen. Als spektakulärstes Hindernis gilt die Nr. 14, „Pulvermanns Grab“. Eduard Pulvermann gestaltete den Parcours, ein fehlerfreier Sprung über dieses Hindernis gelang ihm nie.

26. Mai

Derbyplatz in Klein-Flottbek

Hamburg ist seit Jahren ein beliebter Anlaufhafen für Kreuzfahrtschiffe aus aller Welt. Besonders spektakulär ist das Vorbeifahren der beleuchteten Ozeanriesen am Vorsetzen und an den Landungsbrücken.

27. Mai

Ein Kreuzfahrtschiff läuft aus

Die Hamburger U-Bahn besteht aus drei Linien mit mehr als 100 Kilometer Streckenlänge. Die Station Rathaus ist eine Haltestelle der U3, die von Barmbek bis Mümmelmannsberg verläuft.

28. Mai

U-Bahn-Station Rathaus

U3
BERLINER TOR
Richtung Mümmelmannsberg
bitte in Berliner Tor umsteigen
fährt sofort
NOTRUF
SOS
HVV

Ab 1860 entstanden am Alsterufer zwischen Bellevue und Fernsicht prächtige großbürgerliche Villen. Die Straßennamen verraten es: Von hier ist der Blick aufs Wasser und die Stadt wunderschön.

29. Mai

Bellevue im Licht der Abendsonne

SV 2
R2

Mit einem großen Feuerwerk feiert die japanische Gemeinde in Hamburg seit 1968 das Kirschblütenfest. Tausende von Hamburgern versammeln sich dazu alljährlich Ende Mai an und auf der Außenalster.

30. Mai

Kirschblütenfest an der Außenalster

Auf Höhe des Othmarscher Elbufers kreuzt der jetzt im Museumshafen Övelgönne liegende Finkenwerder Kutter Freiherr von Maltzahn. Die Abkürzung „HF“ steht für Hamburg Finkenwerder. Seit dem 17. Jahrhundert betrieben die Finkenwerder intensive Fischerei, die allerdings durch den Konkurrenzdruck der Hochseefischerei zunehmend an Bedeutung verloren hat.

31. Mai

Finkenwerder Kutter auf der Elbe

HF 294
ALT 287

Bereits 1235 wurde am Mühlendamm – dem heutigen Jungfernstieg – die Alster zu einem eindrucksvollen See aufgestaut, der seit dem 17. Jahrhundert durch die Befestigungsanlagen in Binnen- und Außenalster geteilt ist. Der Jungfernstieg war und ist eine der bekanntesten Flaniermeilen der Stadt.

1. Juni

Ballindamm und Jungfernstieg

ALSTERHAUS

Das Gelände des Hirschparks erwarb Johann César IV. Godeffroy 1786 auf einer Auktion. Das Geld dafür hatte er durch rücksichtslose Geschäfte in Südostasien, Afrika und Südamerika zusammengetragen. Als Architekten für das von 1789 bis 1792 dicht an die Geestkante gebaute Herrenhaus konnte er den Dänen Christian Frederik Hansen gewinnen. Das einstige Landhaus der Familie wird von prächtigen Bäumen gerahmt.

2. Juni

Godeffroy-Landhaus im Hirschpark

Das Kontorhaus der berühmten Reederei Laeisz entstand 1898 unter Beteiligung des Rathausarchitekten Martin Haller. Das an der Trostbrücke gelegene Gebäude ist noch heute der Firmensitz dieses Hamburger Traditionsunternehmens. Auf der Spitze des Giebels der im Stil der Neorenaissance errichteten Fassade thront ein Pudel – die Statue wurde in Erinnerung an Sophie Christine, die Ehefrau von Carl Laeisz, errichtet. Wegen ihrer krausen Haare trug sie den Spitznamen „Pudel".

3. Juni

Laeisz-Pudel mit der Nikolaikirche im Hintergrund

Auf neun Decks werden im historischen Kaispeicher B in der Speicherstadt maritime Kostbarkeiten gezeigt. Unter dem Motto „Schifffahrtsgeschichte ist Menschheitsgeschichte“ hat der ehemalige Vorstandsvorsitzende des Axel-Springer-Verlags Peter Tamm seine einzigartige Sammlung von wertvollen Schiffsmodellen, Gemälden, Büchern und Konstruktionsplänen der Öffentlichkeit zugänglich gemacht.

4. Juni

Im Internationalen Maritimen Museum Hamburg

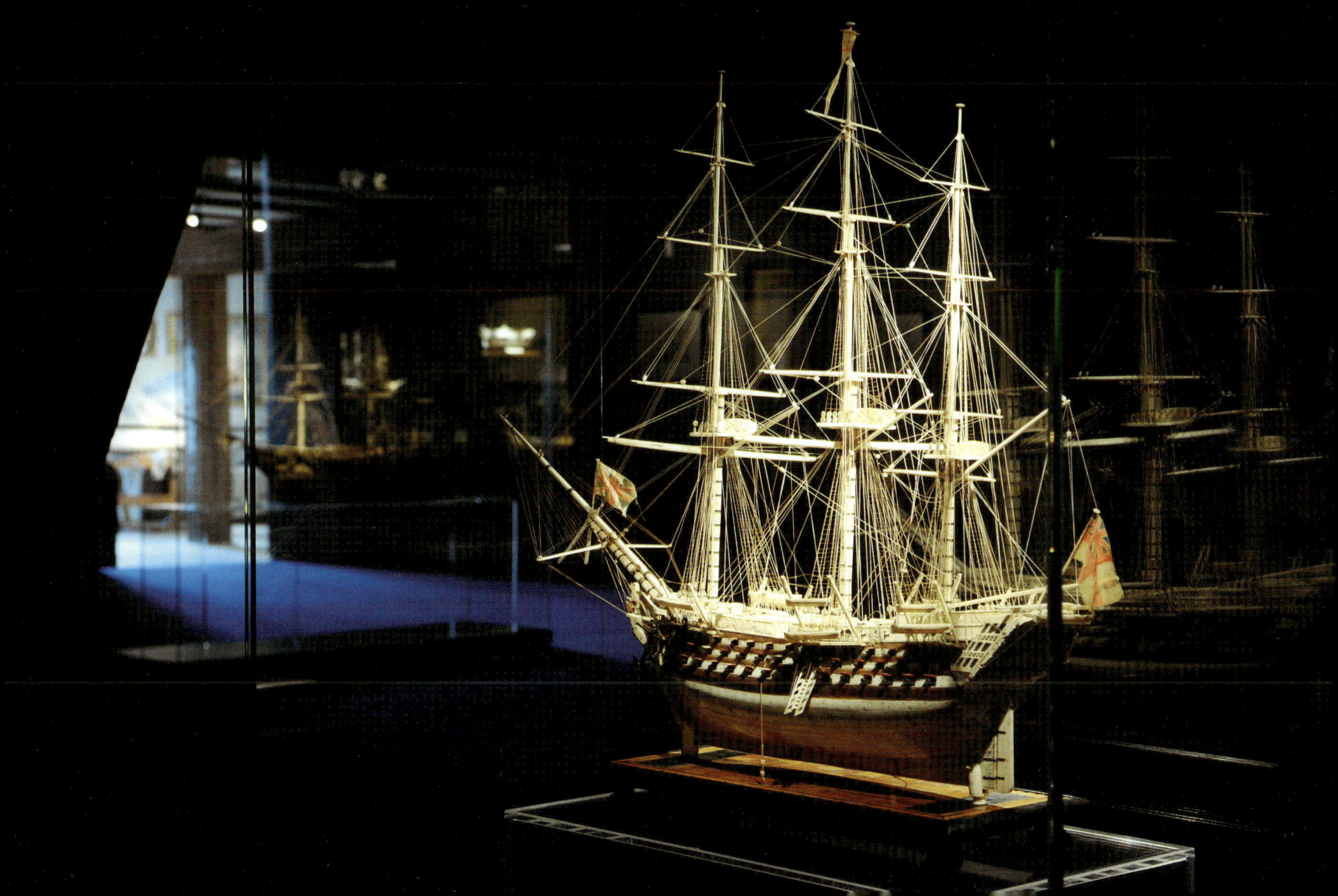

Zur Entlastung der Lombardsbrücke (im Vordergrund) wurde von 1952 bis 1953 eine weitere Querung der Alster gebaut, die wenige Wochen nach der Ermordung des amerikanischen Präsidenten John F. Kennedy im November 1963 ihm zu Ehren in Kennedybrücke umbenannt wurde.

5. Juni

Lombards- und Kennedybrücke

Die Ratsstube ist der Sitzungssaal des Hamburger Senats. Unter dem Baldachin stehen die Sessel des Ersten Bürgermeisters und seines Stellvertreters. Das von Girlanden gerahmte Hamburger Wappen darüber ist eine Stickarbeit, die ein Komitee von Hamburger Damen in Auftrag gegeben hat. Licht fällt nur durch das Oberlicht in den Raum. Dem Senat kommt die Erleuchtung „von oben".

6. Juni

Rathaus: Ratsstube

Das Anfang des 18. Jahrhunderts im Barockstil erbaute dreigeschossige Görtz-Palais am Neuen Wall hat seinen Namen vom Gesandten Holstein-Gottorfs, dem späteren schwedischen Minister Baron von Schlitz, genannt von Görtz, erhalten. Dem Gebäude gegenüber steht seit 1955 wieder das 1897 enthüllte Bronzestandbild des Bürgermeisters Carl Friedrich Petersen.

7. Juni

Das Görtz-Palais am Neuen Wall

Art déco, eine nach dem Ersten Weltkrieg entstandene Kunstrichtung, prägt das Treppenhaus des am Johannes-Brahms-Platz gebauten 55 Meter hohen Brahms-Kontors. Der Stahlskelettbau wurde von Ferdinand Sckopp und Wilhelm Vortmann entworfen und Anfang der 1920er Jahre realisiert.

8. Juni

Treppenaufgang im Brahms-Kontor

Wilhelmsburg ist der flächenmäßig größte Hamburger Stadtteil. Im Stromspaltungsgebiet zwischen Norder- und Süderelbe wurden ab 1333 verschiedene Inseln eingedeicht, deren Bewohner die Hamburger bis Ende des 19. Jahrhunderts mit landwirtschaftlichen Produkten versorgten. Erst nach der rasanten Entwicklung des Hafens wandelte sich Wilhelmsburg aufgrund seiner exponierten Lage zum Industriestandort. Die 1906 ursprünglich als Margarinefabrik erbaute Honigfabrik wird heute als selbstverwaltetes soziokulturelles Zentrum genutzt.

9. Juni

Honigfabrik in Wilhelmsburg

Honigfabrik

Unmittelbar hinter dem Dammtor-Bahnhof und den Wallanlagen liegt auf dem Gelände des ehemaligen Zoologischen Gartens (1863 bis 1930) der 1935 gestaltete Freizeitpark Planten un Blomen. Der 5000 Quadratmeter große Rosengarten wurde erst 1993 im klassischen Stil angelegt. Es können dort rund 300 verschiedene Rosensorten bewundert werden.

10. Juni

Rosengarten in Planten un Blomen

Nach einem Regenguss spiegeln sich die Cap San Diego und die sie umgebende Szenerie in einer Pfütze. Es ist immer wieder faszinierend, mit welch einfachen Kunstgriffen eine bekannte Ansicht neu gesehen werden kann.

11. Juni

Impression: die Cap San Diego

Mit der Industrialisierung wandelte sich das Bild des strategisch günstig im Süderelbegebiet gelegenen Harburg entscheidend: Schwerpunkte wurden Kautschuk- und Pflanzenölfabriken von europaweiter Bedeutung. Das in der Zeit von 1888 bis 1892 entstandene Harburger Rathaus spiegelt das neue Selbstbewusstsein, das durch den Bevölkerungszuwachs und den enormen wirtschaftlichen Aufschwung entstanden war, wider. Damals war Harburg eine selbstständige Stadt.

12. Juni

Nicht nur an Wochenenden erfreut sich ein Hafenbesuch großer Beliebtheit. Eine ganze Flotte von Barkassen und größeren Schiffen sorgt dafür, dass Jahr für Jahr Millionen von Touristen die Faszination einer Hafenrundfahrt erleben können.

13. Juni

Ausflugsschiffe im Hafen

Eine unübersehbare Landmarke an der Elbchaussee ist das Halbmondhaus des berühmten dänischen Architekten Christian Frederik Hansen. Das Landhaus, das sich durch einen dekorativen Vorgarten mit geometrisch geschnittenen Hecken auszeichnet, ist in seiner äußeren Erscheinung immer noch beeindruckend.

14. Juni

Das Halbmondhaus an der Elbchaussee

Mit dem unter Federführung von Fritz Schumacher gestalteten Stadtpark in Winterhude verfügt Hamburg über ein eindrucksvolles „Freiluft-Volkshaus“ (Schumacher) mit Planetarium und Parksee. Die zwölf Hektar große Festwiese lädt zum Grillen, Picknicken und Faulenzen ein.

15. Juni

Festwiese im Stadtpark

Der Rhythmus des Hafens mit den Geräuschen des Be- und Entladens und den Bewegungen der Schiffe ist von kaum einem anderen Ort in Hamburg besser zu verfolgen als vom Geestrücken oberhalb der Großen Elbstraße. Über die verschachtelten Häuser in der engen Hangbebauung hinweg geht der Blick hinüber zum industrialisierten Elbufer (rechts der Container Terminal Tollerort).

16. Juni

Blick vom Sandberg über die Elbe

Nachdem St. Petri während des Großen Brandes von 1842 größtenteils zerstört worden war, wurde der Neubau 1849 nach historischem Vorbild errichtet, der 132 Meter hohe Turm aber erst 1866 bis 1878 vollendet. Der Glockenboden beherbergt ein dreistimmiges Geläut.

17. Juni

Glockenboden der Petrikirche

Der Wasserspeier am Turm der St. Nikolai-Kirche blickt hinüber zu St. Petri und St. Jacobi (ganz rechts). Unter ihm liegen die Innenstadt mit der hell erleuchteten Mönckebergstraße, eine der Hamburger Haupteinkaufsstraßen, und der Domplatz (rechts unten).

18. Juni

Blick vom Turm der St. Nikolai-Kirche

Wie ein dorischer Tempel thront das ursprünglich von dem Architekten Christian Frederik Hansen erbaute Landhaus auf einer Anhöhe im weitläufigen Goßlers Park in Blankenese. Das 1897 von John Henry Goßler erworbene, im selben Jahr erweiterte, 1901 durch Brand zerstörte und danach zweigeschossig wieder aufgebaute Herrenhaus beherbergt heute die Horst Janssen-Bibliothek und wird von einer Stiftung verwaltet.

19. Juni

Das Goßlerhaus in Goßlers Park

Über die in der Spätnachmittagssonne glänzende Wasserfläche der Binnenalster schweift der Blick hinüber zum Neuen Jungfernstieg (links) mit dem Haus der Berenberg Bank, dem ehemaligen Sitz des Hamburgischen Welt-Wirtschafts-Archivs, dem BAT- und Finnlandhaus sowie dem Radisson SAS Hotel.

20. Juni

Blick über die Binnenalster nach Westen

Der Jungfernstieg, die „gute Stube“ der Stadt, wurde von 2004 bis 2006 neu gestaltet. In der Bildmitte die Hauptfiliale der Dresdner Bank. Das Gebäude wurde 1899 von Martin Haller entworfen.

21. Juni

Am Jungfernstieg

GOLDBEK

Rund um die Uhr wird bei großen Reparaturaufträgen auf der Werft gearbeitet, um die Schiffe termingerecht abliefern zu können. Das hat Blohm + Voss weltweit einen guten Ruf als schnelle und zuverlässige Reparaturwerft eingebracht.

22. Juni

Nachtarbeit bei Blohm + Voss

Die ausgedehnten Wasserflächen inmitten der Stadt schaffen die Voraussetzungen, dass nur wenige hundert Meter von der Innenstadt entfernt international besetzte Regatten ausgetragen werden können.

23. Juni

Segel-Regatta auf der Außenalster

Die geschlossene Vierflügelanlage des Bergedorfer Schlosses war bis 1867 Sitz der Amtmänner von Bergedorf, die abwechselnd von Hamburg und Lübeck gestellt wurden. Heute ist hier das Museum für Bergedorf und die Vierlande untergebracht.

24. Juni

Regenbogen über dem Bergedorfer Schloss

Blick von der Köhlbrandbrücke über die Autobahn A7 auf die Container Terminals von Eurokai, einem seit fünf Generationen erfolgreich tätigen Familienunternehmen. Mit drei selbst gebauten Schuten wurde das Geschäft 1865 von Cordt Eckelmann eröffnet. Fast 100 Jahre blieb die Hafenschifffahrt das Stammgeschäft der Familie, bevor Kurt Eckelmann seit 1961 und sein Sohn Thomas seit Mitte der 1980er Jahre die Gruppe zu einer Führungsposition im europäischen Containerumschlag führten.

25. Juni

Burchardkai (rechts) und Predöhlkai

CMA CGM

Seit den 1990er Jahren erfahren die ehemaligen Fabrikgebäude, Silos und Speicher im Harburger Binnenhafen eine Umnutzung als Büro- und Wohnhäuser. Links das ehemalige Getreidesilo am Scheller-damm, daneben Kontorhäuser.

26. Juni

Am Harburger Binnenhafen

Immer länger, immer breiter und immer höher sind die Containerschiffe, die Hamburg anlaufen. Der Tiefgang der nächsten, bereits konzipierten Schiffsgeneration wird es unmöglich machen, mit voll beladenen Schiffen die Elbe hinaufzufahren, um den Hamburger Hafen zu erreichen. Eine weitere Vertiefung der Fahrrinne wird dabei nicht nur unter politischen, sondern auch unter ökologischen Gesichtspunkten heftig diskutiert.

27. Juni

Containerriese im Hamburger Hafen

P&O Nedlloy

Die Ostecke des Chilehauses, eines der berühmtesten Bauwerke der 1920er Jahre, gleicht dem Bug eines Schiffes. Der Klinkerbau ist das Hauptwerk des Architekten Fritz Höger und eines der Wahrzeichen der Hansestadt. Bauherr war der Kaufmann und Reeder Henry Brarens Sloman, der mit dem Import von Salpeter aus Chile reich geworden war.

28. Juni

Das Chilehaus

Mit seinen 36 000 Quadratmeter Geschossfläche war das Chilehaus eines der größten deutschen Bürohäuser vor dem Zweiten Weltkrieg. Die Klinkerfassaden mit ihren Bauplastiken dokumentieren die handwerkliche und künstlerische Meisterschaft von Fritz Höger.

29. Juni

Detail an der Fassade des Chilehauses

CHILE-
HAUS

Im Museumsdorf in Volksdorf wird das bäuerliche Leben des 17. bis 19. Jahrhunderts erlebbar. Die abgebildete Grützmühle stammt ursprünglich aus Hummelsbüttel, hier wurden Gerste und Buchweizen gemahlen.

30. Juni

Die ehemalige Grützmühle im Museumsdorf Volksdorf

Vor dem Zweiten Weltkrieg lebten in der Isestraße in Eppendorf zahlreiche jüdische Bürger, von denen viele in Konzentrationslagern der Nationalsozialisten ermordet wurden. Der westliche Teil des attraktiven Viertels mit seinen hochherrschaftlichen Etagenhäusern wird von einem Hochbahnviadukt durchquert, unter dem zweimal in der Woche der Isemarkt, Hamburgs größter Wochenmarkt, stattfindet.

1. Juli

Etagenhäuser an der Isestraße

62

Eine Oase in der Großstadt: Auf dem Goldbekkanal, der Rondeelteich und Stadtpark verbindet, kann man unweit der betriebsamen Sierichstraße eine Kanupartie machen und dabei Ruhe und Erholung finden. Ein stiller Winkel, der vor allem in der wärmeren Jahreszeit einen besonderen Zauber ausstrahlt.

2. Juli

Auf dem Goldbekkanal

Bergstedt, das bereits 1248 erstmals erwähnt wurde, hat eine besonders schöne Pfarrkirche, deren Ursprung sich bis ins Mittelalter verfolgen lässt. Das 1745 bis 1750 umgebaute Gotteshaus ist zum Wahrzeichen der Walddörfer geworden.

3. Juli

Die Pfarrkirche in Bergstedt

Das Museum BallinStadt, das die Auswanderung europäischer, vornehmlich osteuropäischer und deutscher Familien in die Neue Welt dokumentiert, wurde im Sommer 2007 eröffnet. Neben den noch original erhaltenen Auswandererhallen auf der Veddel, in deren Ausstellungsräumen unter anderem die Wohn- und Schlafräume der Auswanderer rekonstruiert wurden, sind die vollständig von 1850 bis 1934 vorliegenden Passagierlisten eine einzigartige Quelle für die Familienforschung.

4. Juli

BallinStadt – Auswandererwelt Hamburg

№ 1
№ 2

Die Figur der heiligen Katharina, geschaffen von dem Bildhauer Hans Kock, blickt vom Giebel der St. Katharinen-Kirche hinüber zur Speicherstadt und der Großmarkthalle. Ein wellenförmiges Schalendach überspannt die 1962 fertiggestellte und rund 40 000 Quadratmeter große Halle. Seit 1996 steht dieses Symbol der Architektur der Wiederaufbauzeit unter Denkmalschutz.

5. Juli

Speicherstadt und Großmarkthalle

Der vom Jugendstil beeinflusste Neorenaissance-Bau der HHLA wurde 1902 bis 1903 von den Architekten Johannes Grotjan und Hanssen & Meerwein auf 463 Pfählen errichtet. Das weithin sichtbare, hoch aufragende Gebäude liegt inmitten der Speicherstadt an der Ecke Bei St. Annen und Holländischer Brook.

6. Juli

Der Verwaltungssitz der Hamburger Hafen und Logistik AG

Immer wieder verblüffen die unterschiedlichen Formen der Landschaften, die die Elbe begleiten. Unterhalb von Blankenese schieben sich die Inseln Neß- und Schweinesand wie eine Nadel in die Elbmitte. Ihre weißen Strände sind allerdings nur mit dem Boot erreichbar.

7. Juli

Die Insel Schweinesand

Am Westende der Landungsbrücken entstand von 1907 bis 1911 ein 425 Meter langer, aus zwei Röhren bestehender Tunnel unter der Elbe. An seinen beiden Enden befördern jeweils Aufzugsanlagen Fußgänger, Radfahrer und Autos hinunter beziehungsweise hinauf. In die Majolika-Verkleidung im Inneren sind Reliefs eingearbeitet – wie dieser Seestern.

8. Juli

Im Alten Elbtunnel

Von unzähligen Booten begleitet und begrüßt: die Queen Mary 2 auf dem Weg zu ihrem Liegeplatz im Hamburger Hafen. Nur wenige Stunden verbringen Schiff, Besatzung und Passagiere in der Stadt. Dann geht es wieder hinaus, die Elbe hinunter, dem neuen Ziel entgegen.

9. Juli

Blick vom Kirchturm St. Nikolai auf die Elbe

Das auf der Elbinsel Wilhelmsburg liegende Naturschutzgebiet Heuckenlock beherbergt einen der letzten Tideauenwälder Europas. Es erstreckt sich auf mehr als drei Kilometer Länge am Nordufer der Süderelbe, nahe der Bunthäuser Spitze. Bemerkenswertester Baum des vom Rhythmus der Gezeiten geprägten Biotops ist eine etwa 400 Jahre alte Flatterulme.

10. Juli

Naturschutzgebiet Heuckenlock

Die Sierichstraße erhielt ihren Namen 1863 von dem Grundeigentümer Adolph Sierich. Die Familie besaß in Winterhude umfangreiche Ländereien, die ab der Mitte des 19. Jahrhunderts durch Straßen, Kanäle und Brücken erschlossen wurden.

11. Juli

Gründerzeitliche Etagenhäuser an der Sierichstraße

Innerhalb eines Zeitraums von nur rund 50 Jahren – zwischen 1860 und dem Beginn des Ersten Weltkriegs – verwandelte sich die Agrarlandschaft rund um die Außenalster in eine Stadtlandschaft mit villenbebauten Straßenzügen. Das bis dato bevorzugte direkte Nebeneinander von Wohnen und Arbeiten verschwand. Der wohlhabende Kaufmann verlegte nun seinen Dauerwohnsitz nach Harvestehude, Winterhude oder auf die Uhlenhorst, um nach der Arbeit Erholung an der nahen Alster zu finden.

12. Juli

Abendstimmung an der Außenalster

Blankeneser umschreiben ihren Stadtteil gern als das „Dorf“, das es auch bis zum Beginn des 20. Jahrhunderts war. Das idyllische Treppenviertel ist nach wie vor ein bevorzugtes Lebensumfeld für die Bewohner und ein beliebtes Ziel für Touristen.

13. Juli

Im Treppenviertel von Blankenese

Hamburgs letztes erhaltenes Seeschiff aus der Zeit des Holzschiffbaus, der Lotsenschoner No. 5 Elbe, lief 1883 vom Stapel. Nachdem der Gaffelschoner über 30 Jahre seinen Dienst in der Elbmündung verrichtet hatte, fand er als Privatjacht mit 13 Atlantiküberquerungen Verwendung. 2002 erwarb die Stiftung „Hamburg Maritim" das Schiff in Seattle und brachte es zurück an die Elbe.

14. Juli

Lotsenschoner No. 5 Elbe

HEBE
5

Zwei Schlepper bugsieren einen voll beladenen Containerriesen vom Athabaskakai in die Fahrrinne der Elbe. Logenplätze – auch bei Nacht – bietet der Geesthang an der Elbchaussee.

15. Juli

Kurz vor dem Ablegen

TERMINAL BURCHARDKAI
TERMINAL BURCHARDKAI
HHLA

Nachdem im Zweiten Weltkrieg die bereits 1842 beim Großen Brand völlig zerstörte St. Nikolai-Kirche noch einmal ausbrannte, blieb außer den Ruinen der Chorwände nur noch der Turm bestehen. Mit 145 Meter Höhe ist er der höchste Hamburgs und der dritthöchste Steinkirchturm Deutschlands. Die Ruine ist heute Mahnmal und Gedenkstätte für die Opfer von Krieg und Gewaltherrschaft des Dritten Reichs.

16. Juli

Blick aus der Turmhaube von St. Nikolai

Im Wasser des Nikolaifleets spiegeln sich die rückseitigen Hausfassaden der Deichstraße. Hier, wo einst die Alster in die Elbe mündete, bevor sie umgeleitet wurde, sind noch einige Häuser und Speicher aus dem 17. und 18. Jahrhundert erhalten geblieben.

17. Juli

Am Nikolaifleet

Von der Schönen Aussicht aus gesehen: der Turm der St. Jacobi-Kirche, das hell erleuchtete Hotel Atlantic, die Türme von St. Katharinen, St. Petri und St. Nikolai.

18. Juli

Die Alster bei Nacht

ATLANTIC

Der Neubau des Hamburger Staatsarchivs an der Kattunbleiche in Wandsbek wurde 1998 eingeweiht. Aufgabe des Architekten Jan Störmer war es unter anderem, die mehr als 30 Kilometer umfassenden Aktenbestände und das sonstige Dokumentationsmaterial in ein Gebäude zu integrieren, das wissenschaftlichen Ansprüchen genügt, aber auch für jedermann zugänglich sein soll.

19. Juli

Das Staatsarchiv

STAATSARCHIV

Der Oberlauf der Alster mit der Flussschleife bei Mellingstedt wird von vielen Bächen und Flüsschen gespeist. Das Wehr an der Mellingburger Schleuse ist für Paddler und Kanufahrer bequem passierbar. Von der Terrasse des idyllisch gelegenen Hotels (im Bild oben) hat man einen wunderschönen Blick auf die Alster.

20. Juli

Die Mellingburger Schleuse

Geprägt wird Harburg durch seinen Hafen, seine Industriebetriebe und durch den historischen Stadtkern. An der Neuen Straße entstand um 1710 das Gebäude der Harburger Amtsverwaltung/ Kanzler-Haus (rechts), in dem seit 2001 das Frauenkulturhaus Harburg untergebracht ist.

21. Juli

Alt-Harburg

KUNST
HAFEN
20
ZONE

Vom Strand bei Övelgönne wandert das Auge stromaufwärts zum Seniorenstift Augustinum, das ehemalige Neumühlener Kühlhaus, über den Museumshafen Övelgönne hinüber zur anderen Seite der Elbe bis zum Athabaskakai (rechts).

22. Juli

Regenbogen über Elbe und Hafen

Besonders bemerkenswert an dem heutigen Haus der Handwerkskammer am Holstenwall ist neben der von Fritz Schumacher gestalteten Außenfassade die offene Treppenhalle, die die rechte Gebäudehälfte mit den Geschäftsräumen der Innungen verbindet.

23. Juli

Innungstreppenhaus in der Handwerkskammer

Das kuppelbekrönte Gebäude des am Sievekingplatz gelegenen Hanseatischen Oberlandesgerichts wurde 1907 bis 1912 von den Architekten Lundt & Kallmorgen errichtet. Die von Arthur Bock geschaffene Figurengruppe „Wissenschaftler" ist Teil einer 1912 aufgestellten Brunnenanlage.

24. Juli

Das Hanseatische Oberlandesgericht

Die von der Alster und ihren Nebenflüssen gespeiste riesige aufgestaute Wasserfläche inmitten der Stadt ist wahrscheinlich einer jener Gründe, warum Hamburg zu den schönsten Metropolen der Welt gehört. Bei Sonnenwetter bleiben die Bootsstege leer, dann ist die Alster weiß gesprenkelt mit Segelbooten.

25. Juli

Bootssteg an der Außenalster

Eigentlich ist das Rathaus mit seinen 647 Räumen zum Regieren und Repräsentieren da, doch sein schöner Innenhof lädt auch zum Verweilen ein. Hier herrscht Ruhe inmitten der lebendigen Stadt. Links die rückseitige Fassade des Rathauses, rechts die der Handelskammer.

26. Juli

Innenhof des Rathauses

Das Stadtbild Hamburgs wird weder durch Schlösser noch fürstliche Repräsentationsbauten geprägt, sondern von seinem Charakter als Handelsmetropole und Stadt am Wasser. Das Viertel mit den Geschäfts- und Kontorhäusern erstreckt sich von der Binnenalster bis zur Elbe.

27. Juli

Die Innenstadt mit Alster und Elbe

Die Reeperbahn mit der berühmten Davidwache im Klinkerbau (in der Bildmitte rechts) gilt in aller Welt als Inbegriff von Hamburg. Dort, wo einst die Reepschläger Schiffstaue aus Hanf herstellten, ist die Hansestadt heute ganz Metropole mit einer kreativen Musik-, Theater- und Musicalszene. Die von Hans Albers besungene „sündigste Meile der Welt" wird aber nach wie vor auch verknüpft mit Rotlichtmilieu und Prostitution.

28. Juli

Reeperbahn und Spielbudenplatz

Hotel Monopol

Über die Alsterfontäne und den Turm des Hamburger Rathauses mit dem vergoldeten Hamburger Wappen wandert der Blick zur Lombards- und Kennedybrücke bis hinüber zur Außenalster mit ihren Uferwiesen.

29. Juli

Rathausturm mit Binnen- und Außenalster

Malerisch zwischen Dove Elbe und Elbe liegt der Hauptort der Hamburger Marschlande, Ochsenwerder. Seine weithin sichtbare Kirche St. Pankratius wurde 1673/74 auf einer Sanddüne erbaut und bildet zusammen mit dem Pastorat ein wunderschönes Ensemble. Besonders wertvoll ist die von dem berühmten Arp Schnitger gebaute Orgel.

30. Juli

St. Pankratius in Ochsenwerder

Das Malerische an Blankenese ist seine Geesthanglage direkt an der Elbe, die sich dort zu einem mehrere Kilometer breiten Strom weitet. Dem Charme des Ortes können sich weder Hamburger noch Gäste der Stadt entziehen. „Nach oben“ führen nur zwei Straßen, dafür aber zahlreiche Fußwege und Treppen mit gezählten 4864 Stufen.

31. Juli

Regenbogen über Blankenese

Zu einem großartigen Erlebnis wird die Fahrt mit dem Ballon, wenn die Gondel über die großen Wasserflächen der Stadt und die Elbe schwebt. Aus verhältnismäßig geringer Höhe und fast geräuschlos liegen dem Ballonfahrer dann der Eilbekkanal mit dem Kuhmühlenteich und dem Mundsburger Kanal, der in Hohenfelde in die Alster mündet, ebenso zu Füßen wie das Gesamtpanorama der Stadt.

1. August

Hamburg ist seit jeher eine Metropole, die am Wasser und vom Wasser lebt. Neben dem Großen Brand von 1842 und den Zerstörungen im Zweiten Weltkrieg war es wohl vor allem der Bau der Befestigungsanlagen im 17. Jahrhundert, der mit dem Entstehen von Außen- und Binnenalster die Struktur der Stadt grundlegend veränderte. Die Alsterdampfer sind auf ihrem Revier von Frühjahr bis Herbst ständig unterwegs.

2. August

Auf der Binnenalster

St. Georg

Auf Initiative des ehemaligen Fernsehmoderators Carlheinz Hollmann sprudelt seit dem 18. April 1987, 12 Uhr, die Fontäne in der Binnenalster. Zu ihrer Finanzierung wurde zwei Jahre danach die „Stiftung Binnenalster“ ins Leben gerufen. Im Windluv wagen sich zwei Paddler ziemlich nah an die Fontäne heran.

3. August

Die Alsterfontäne

Gerade hat der Alsterdampfer vom Anleger Mühlenkamp abgelegt, um durch den „Langen Zug“ wieder in die Außenalster zu gelangen. Im Hintergrund eine Teilansicht der Mühlenkampbrücke und der Beginn des Osterbekkanals.

4. August

Am Mühlenkamp

Mühlenkamp
SASELBEK
SASELBEK

Die in hellgelbem Klinker errichteten Grindelhochhäuser im Stadtteil Harvestehude waren eines der ersten großen Neubauprojekte nach dem Zweiten Weltkrieg und zugleich eines der spektakulärsten. An der Realisierung dieser Zeugnisse der Klassischen Moderne mit mehr als 2100 Wohnungen waren bis 1956 acht namhafte Hamburger Architekten beteiligt.

5. August

Die Landschaft im Bereich der Oberalster ist durch sogenannte Sander geprägt. Diese flachwelligen Ausläufer der eiszeitlichen Endmoränen haben die Alster und ihre Nebenflüsse im Verlauf der Jahrtausende durchbrochen. Uferbegleitende Baumbestände kennzeichnen diese Region. Besonders typisch sind die Erlenbruchwälder im Rodenbeker Quellental.

6. August

Im Rodenbeker Quellental

Die „Gesellschaft zur Beförderung der Künste und nützlichen Gewerbe“ – kurz Patriotische Gesellschaft von 1765 – ist aus der Geschichte Hamburgs nicht wegzudenken. Seit ihrer Gründung war sie an der politischen, kulturellen und vor allem sozialen Entwicklung der Stadt maßgeblich beteiligt. Das nach dem Großen Brand neu errichtete Haus der Gesellschaft an der Trostbrücke wurde in den 1920er Jahren und nach dem Zweiten Weltkrieg mehrfach umgebaut. Rechts im Hintergrund der Turm des Rathauses.

7. August

Das Haus der Patriotischen Gesellschaft

Erst seit 1872 verbinden Eisenbahnbrücken Hamburg mit Harburg, 1887 kam eine Straßenverbindung hinzu, deren neugotische Torbögen bis zu ihrem Abriss 1957 ein Hamburger Wahrzeichen waren. Im Vordergrund ist die achtspurige Neue Elbbrücke zu sehen, dahinter verbinden die S-Bahn-, Eisenbahn- und Straßenbrücken die Ufer der Norderelbe.

8. August

Die alte und die neuen Elbbrücken

Unter Beachtung des Denkmalschutzes und der vorhandenen Bausubstanz ist im ehemaligen Börsensaal der Handelskammer ein „Haus im Haus“ entstanden. Dieser mehrere Etagen verbindende Baukörper, der im historischen Gebäude eine auf die Zukunft hin orientierte Architektur präsentiert, soll sowohl Mitgliedern als auch Besuchern und Gästen neue attraktive Räumlichkeiten bieten.

9. August

Das „Haus im Haus“ in der Handelskammer

Seit 1977 haben maritime Oldtimer im Museumshafen Övelgönne eine neue Heimat gefunden. Neben historischen Segelschiffen wird auch das Feuerschiff Elbe 3 (ganz rechts) gezeigt. Im Hintergrund das Kreuzfahrtschiff The World.

10. August

Museumshafen Övelgönne

Das Hauptgebäude der erst 1919 gegründeten Hamburger Universität mit seiner markanten Kuppel wurde von dem Kaufmann und Reeder Edmund Siemers, der durch den Import von Petroleum und Salpeter reich geworden war, bereits 1909 bis 1911 realisiert. Die Anbauten wurden zum 75. Geburtstag der Universität von Hannelore und Helmut Greve gestiftet. Am oberen Bildrand ist das Hotel Grand Elysée zu sehen.

11. August

Das Hauptgebäude der Universität

GRAND ELYSEE
AVIS

Die kupfergedeckte Kuppel des Hauptgebäudes der Universität Hamburg ist weithin sichtbar. Das für die damalige Zeit hochmoderne Gebäude wurde von den Architekten Distel & Grubitz als monolithischer Stahlbetonbau konstruiert. Die imposante Kuppel überwölbt den Agathe-Lasch-Hörsaal (Hörsaal B) mit seinen rund 360 Plätzen.

12. August

Kuppel des Hörsaals B in der Universität

Die Alsterwiesen an der Hohenfelder Bucht sind an schönen Sommerabenden besonders beliebt, weil sie sehr lange von der Spätabendsonne beschienen werden. Das Gelände um den Schwanenwik wurde erst 1871 bis 1874 erschlossen und für die Bebauung freigegeben. Es entstanden vornehme Villen und Stadthäuser, von denen am Alsterufer – trotz erheblicher Beschädigungen im Zweiten Weltkrieg – noch viele erhalten geblieben sind.

13. August

Am Schwanenwik

Einer der herausragendsten Bauten von Fritz Schumacher, dem von 1923 bis 1933 als Oberbaudirektor für den gesamten hamburgischen Hoch- und Städtebau verantwortlichen Architekten, ist die zwischen 1919 und 1926 am Gänsemarkt errichtete Finanzbehörde. Über dem Eingangsbereich befinden sich drei Bauplastiken von Richard Kuöhl (eine davon ist nebenstehend abgebildet).

14. August

Bauplastik an der Finanzbehörde

Im Norden der Gemarkung Osdorf wurden zwischen 1966 und 1970 Hochhäuser für zirka 13 000 Bewohner erbaut. Die von Wohnungsbaugesellschaften realisierte Großsiedlung Osdorfer Born war die erste städtebauliche Maßnahme, in der der „Maßstab“ der Stadt verlassen wurde und Wohnungen zu „Gebirgslandschaften“ aufgetürmt wurden.

15. August

Großsiedlung Osdorfer Born

Das Deichhufendorf Cranz liegt am linken Ufer der Este im Alten Land. Es gehört seit 1937 zu Hamburg und ist der am weitesten nach Westen reichende Stadtteil. Nach der Flutkatastrophe von 1962, in der Cranz unter Wasser stand, wurden ein neuer, höherer Deich und das Estemündungs-Sperrwerk errichtet.

16. August

Am Estedeich in Cranz

Das 1611 von der Altonaer sefardischen Gemeinde erworbene Friedhofsareal an der Königstraße weist sowohl flach liegende Grabplatten als auch einfache Grabsteine mit fast ausschließlich hebräischen Inschriften auf. 1870 wurde der Friedhof, der heute unter Denkmalschutz steht und zum Weltkulturerbe erklärt werden soll, geschlossen.

17. August

Der jüdische Friedhof an der Königstraße in Altona

Der Faszination des unmittelbaren Nebeneinanders von Hafen und Stadt, das besonders Hamburg bietet, kann sich wohl kaum jemand entziehen. Sowohl aus der Vogelperspektive als auch von den Hafenrandgebieten ist diese Verbindung sicht- und spürbar. Über die Cap San Diego, die Rickmer Rickmers, die Schwimmdocks von Blohm + Voss (Bildmitte oben) wandert der Blick kilometerweit die Elbe hinab.

18. August

Ausblick vom Luftschiff auf das Elbpanorama

DANKE HAMBURG

Mit mehr als 2400 Brücken ist Hamburg die brückenreichste Stadt Europas. Die älteste erhaltene Überquerung ist die 1355 erstmals erwähnte und 1633 neu gebaute Zollenbrücke, die über den Rest des 1946 zugeschütteten Gröningerstraßenfleets führt.

19. August

Die Zollenbrücke

Die von der Alfred Toepfer Stiftung F.V.S. zwischen 1966 und 1982 errichtete „Traditionsinsel“ in der Peterstraße in der Hamburger Neustadt ist schön, aber umstritten. Authentisch und Kern der Anlage ist nur das Beylingstift, ein 1751 errichtetes Mehrfamilienhaus, in dem sich auch das Brahms-Museum befindet. Die sonstigen Häuser wurden mit viel handwerklichem Aufwand nach alten Plänen neu errichtet.

20. August

Die Peterstraße

In den Marschlanden, zwischen Bille und Dove Elbe, liegt Billwerder, dessen Kirchspiel bereits im 13. Jahrhundert beurkundet wurde. Die St. Nikolai-Kirche wurde als Barockbau 1739 neu errichtet. Für ihre Einweihung komponierte Georg Philipp Telemann ein Oratorium.

21. August

Billwerder an der Bille

Von der seit 1910 an der Bramfelder Straße produzierenden Margarine-Fabrik Voss ist nur das 1925/26 errichtete Eingangsbauwerk übrig geblieben. Aber auch dieser Teil vermittelt noch den expressionistischen Glanz dieser Ära der Industriearchitektur. Auf dem Gelände der Fabrik entstand 1985/89 das Verwaltungsgebäude der Techniker Krankenkasse.

22. August

Detail am Eingangsbauwerk der ehemaligen Margarine-Fabrik Voss

Alsterlauf und Isebekkanal trennen Harvestehude von Winterhude und Hoheluft. Der Isebekkanal diente einst dem Waren- und Kohletransport per Schute. Heute werden die Wasserwege mit ihren vielen Sportbootdepots von Freizeitkanuten befahren.

23. August

Am Alsterlauf vom Leinpfad gesehen

Der vom Architekturbüro Bothe Richter Teherani am Anckelmannsplatz errichtete Berliner Bogen zählt mit seiner ungewöhnlichen Form zu den Höhepunkten einer neuen Glasarchitektur in Hamburg.

24. August

All das, was die Faszination von Blankenese ausmacht, wird in dieser Luftaufnahme aus einer Cessna eingefangen: der Strom mit seinen Schiffen, der hoch über dem Wasser liegende Süllberg mit den davorliegenden Terrassen und das verwinkelte Treppenviertel mit seinen Stiegen und Wegen.

25. August

Blankenese: der Süllberg mit dem Treppenviertel

In unmittelbarer Nachbarschaft zum Chilehaus (links) liegt der etwa zur selben Zeit (1922 bis 1924) entstandene Messberghof. Das nach Entwürfen der Architekten Hans und Oskar Gerson erbaute und in den 1990er Jahren aufwendig restaurierte Großgebäude des Kontorhausviertels fällt besonders durch seine flächige Fassadengestaltung auf.

26. August

Chilehaus und Messberghof

Es gehört zu den unvergesslichen Erlebnissen im Hamburger Hafen, dabei zu sein, wenn ein Schiff eingedockt wird. Aus nächster Nähe sind dann die präzisen Manöver von Schiff und Schleppern zu verfolgen – sozusagen eine Filigranarbeit mit großem Gerät.

27. August

Ein Schiff wird eingedockt

ATLANTIC BRIDGE
PANAMA

Zwei Hamburger Wahrzeichen im Fokus – durch ein geöffnetes Turmfenster von St. Petri, in dem sich der Michel, der normalerweise links vom Rathaus zu sehen ist, spiegelt.

28. August

Blick vom Turm der St. Petri-Kirche

Über Schleusengraben und Dove Elbe ist eine direkte Wasserverbindung – auch für größere Boote – nach Bergedorf möglich. Der Stadtkern dieses Hamburger Stadtteils entstand bereits Anfang des 13. Jahrhunderts rund um das Schloss und die Kirche St. Petri und Pauli (hinten rechts), die in unmittelbarer Nähe des hier abgebildeten Serrahn liegt.

29. August

Ausflugsdampfer auf dem Serrahn in Bergedorf

Neben der Fassade des von den Architekten Bothe Richter Teherani errichteten Deichtorcenters (rechts) zeichnen sich die Silhouetten des Verwaltungsgebäudes der Reederei Hamburg Süd, der Katharinenkirche, der Nikolaikirche sowie des Verlagshauses des Magazins „Der Spiegel" wie Scherenschnitte vor dem Himmel ab.

30. August

Oberhafen und Deichtorcenter

manager
TV

Von der Niederbaumbrücke wandert der Blick über die U-Bahn-Station Baumwall den Vorsetzen entlang, um sich schließlich nach links über die Überseebrücke mit dem Citysportboothafen zu wenden und an der Cap San Diego zu verharren.

31. August

Citysportboothafen und Cap San Diego

Ganz so imposant wie aus dem Ballon werden die Passagiere des Kreuzfahrtschiffs Hamburgs Skyline nicht vor sich haben. Aber dennoch wird es ein bleibendes Erlebnis sein, rund 100 Kilometer die Elbe hinaufzufahren, um dann erst das „Tor zur Welt“ zu erreichen.

1. September

Ein Kreuzfahrtschiff läuft Hamburg an

Nach der Gründung des Deutschen Reichs von 1871 sollte das Justizforum, das sich um den Sievekingplatz gruppiert, die Unabhängigkeit Hamburgs dokumentieren. Der sandsteingegliederte Backsteinbau des Ziviljustizgebäudes wurde von Baudirektor Zimmermann zwischen 1898 und 1903 errichtet. Es ist in Maßstab und Stil eine Variante des gegenüberliegenden Strafjustizgebäudes. Das Hamburger Wappen im Giebel verweist auf die eigenständige Rechtstradition der Hansestadt.

2. September

Giebel des Ziviljustizgebäudes am Sievekingplatz

Blick in den Plenarsaal der Hamburgischen Bürgerschaft aus der Perspektive des Bürgerschaftspräsidenten: Im Vordergrund die Abgeordnetenbänke, darüber die Logen und die Empore für Vertreter der Presse und die interessierte Öffentlichkeit. Der Sitzungssaal ist einer der größten Räume des Rathauses.

3. September

Plenarsaal der Bürgerschaft

Die in einem eleganten Schwung über den Köhlbrand verlaufende Schrägseilbrücke verbindet Waltershof und Steinwerder. Kernstück der zu einem Wahrzeichen Hamburgs gewordenen Konstruktion ist das 520 Meter lange Mittelteil, das an 88 Stahlseilen 54 Meter über dem Wasserspiegel hängt und großen Schiffen die Weiterfahrt in die Süderelbe ermöglicht. Das Bauwerk wurde 1974 für den Verkehr freigegeben.

4. September

Die Köhlbrandbrücke

Durch das Teleobjektiv der Kamera geht der Blick über die Flutschutzmauer an der Hohen Brücke und das am Nikolaifleet liegende Kontorhaus hinüber zu den rückseitigen Fassaden der ehemaligen Außendeichhäuser an der Deichstraße.

5. September

Blick in die Deichstraße

SEEFAHRT

Blick von Othmarschen in Richtung Osten: Markant erhebt sich der 279 Meter hohe Heinrich-Hertz-Turm in der Bildmitte. Links daneben ist der ehemalige Wasserturm an der Sternschanze zu erkennen, in dem heute ein Hotel untergebracht ist, im Vordergrund der Turm der St. Johannis-Kirche an der Max-Brauer-Allee.

6. September

Das 1896 aus Stahl gebaute Vollschiff Rickmer Rickmers hat eine wechselvolle Geschichte. Der ursprünglich auf den Namen Max getaufte Frachtsegler wurde im Kriegsjahr 1916 auf den Azoren beschlagnahmt, von nun an transportierte der in Flores umbenannte Windjammer Kriegsmaterial. Danach setzte die portugiesische Marine den Großsegler als Schulschiff ein, bis er schließlich 1983 dem Verein „Windjammer für Hamburg" übergeben wurde. Die zentnerschwere Galionsfigur stammt vom Holzbildhauer Dieter Meyer.

7. September

Galionsfigur an der Rickmer Rickmers

Dort, wo sich die Straßen Brandsende und Kurze Mühren begegnen, liegt der Georgsplatz. Das Kontorhaus Georgshof verbindet Jugendstilformen mit spätbarocken Reminiszenzen. Rechts die Statue des heiligen Georg.

8. September

Am Georgsplatz

Erst zehn Jahre nach seinem Tod fand Heinrich Carl Graf von Schimmelmann 1792 die letzte Ruhe in seinem nach Entwürfen des italienischen Architekten Antolini und des Erbauers des Wandsbeker Schlosses, Carl Gottlob Horn, errichteten Mausoleum.

9. September

Das Schimmelmann-Mausoleum in Wandsbek

Auch die Deutschland, eines der komfortabelsten Kreuzfahrtschiffe, kommt immer wieder nach Hamburg, um von hier in die Ostsee, Richtung Nordkap oder in die weite Welt zu kreuzen.

10. September

CAP SAN DIEGO
DEUTSCHLAND
NEUSTADT IN HOLSTEIN

Der Kopfbau der ehemaligen Margarine-Fabrik Voss vor der Techniker Krankenkasse ist zu einem Wahrzeichen des Hamburger Stadtteils Barmbek geworden. Das unter Denkmalschutz stehende Gebäude aus den 1920er Jahren beherbergt das Archiv der Hamburger Architektenkammer.

11. September

Art déco in der ehemaligen Eingangshalle der Margarine-Fabrik Voss

Am Klosterstern treffen sechs Straßen zusammen: Rothenbaumchaussee, Jungfrauenthal, Eppendorfer Baum, Oderfelder Straße, St. Benedictstraße und Harvestehuder Weg, an dem besonders markant die St. Nikolai-Kirche liegt (unten, Mitte).

12. September

Durch einen Wald von Masten schweift der Blick über die in der Sonne glitzernde Wasserfläche der Außenalster mit ihren vielen Segelbooten.

13. September

Segler im Sonnenglast

3814

Von der Ellerntorsbrücke, einer dreibogigen Steinbrückc, wandert der Blick vom Deutsch-Japanischen Zentrum (Gerkan, Marg und Partner) auf die Stadthausbrücke. Dahinter erhebt sich das 1943 schwer beschädigte und nach dem Krieg wiederhergestellte Verwaltungsgebäude, in dem heute die Baubehörde residiert. Eine Gedenktafel im Eingang erinnert daran, dass hier die Gestapo (Geheime Staatspolizei) ein Zentrum nationalsozialistischer Gewaltherrschaft eingerichtet hatte.

14. September

Herrengrabenfleet und Stadthausbrücke

STADTRUNDFAHRT

Durch den Verteidigungsring, den der Niederländer Johan van Valckenburgh ab 1616 angelegt hatte, war die Stadt in ihrer städtebaulichen Entwicklung regelrecht eingeschnürt worden. Nach der Schleifung der Anlagen Anfang des 19. Jahrhunderts bot sich die Chance, hier eine große zusammenhängende Parkanlage zu gestalten. Im Verlauf der nächsten Jahrzehnte entstand ein weiträumiger Landschaftspark, die Großen Wallanlagen, der immer wieder verändert wurde.

15. September

Wasserspiele in den Großen Wallanlagen

Im Hamburger Hof, Jungfernstieg Nummer 26, residierte ehedem ein Luxushotel. Der rote Sandsteinbau wurde von den Architekten Bernhard Georg Hanssen und Emil Meerwein und der Hanseatischen Baugesellschaft von 1881 bis 1883 errichtet. Die Fassadenplastik stammt von Engelbert Pfeiffer. In den 1980er Jahren ist das Gebäude zu einem Bürohaus mit einer Einkaufspassage umgebaut worden.

16. September

Merkur am Hamburger Hof

Elbaufwärts wandert der Blick über die Elbbrücken und die Billwerder Bucht bis zum Kraftwerk Tiefstack (rechts) in Rothenburgsort. Der markante Bau in der linken Bildhälfte war früher eine der Hauptsehenswürdigkeiten Hamburgs. Der 65 Meter hohe Wasserturm wurde von William Lindley geplant und versorgte seit 1845 zunächst den Stadtteil Rothenburgsort, später dann die ganze Stadt mit Elbwasser. Er ist das älteste Denkmal einer zentralen Wasserversorgung in Deutschland.

17. September

Über die Elbbrücken Richtung Rothenburgsort

Der Großsegler Rickmer Rickmers liegt seit 1983 als Museumsschiff im Hamburger Hafen. Nach dem Ersten Weltkrieg wurde der Fracht-Großsegler an die portugiesische Marine übergeben und diente ihr bis in die 1950er Jahre als Segelschulschiff. Der Turm im Hintergrund gehört zu der für schwedische Seeleute gebauten Gustaf-Adolf-Kirche an der Ditmar-Koel-Straße.

18. September

Bug der Rickmer Rickmers und Turm der Gustaf-Adolf-Kirche

Die in den 1920er Jahren im Süden von Winterhude errichtete Wohnsiedlung Jarrestadt sollte den Interessen und Bedürfnissen ihrer Nutzer möglichst gerecht werden. Die einheitlich in Flachbauweise und mit Klinker als Fassadenmaterial vom federführenden Architekten Karl Schneider und 20 weiteren Kollegen entworfenen 35 Blocks wurden schon bald nach ihrer Fertigstellung als Baudenkmal angesehen.

19. September

Im Herzen der Stadt breitet sich ein grandioses Bild aus: Eingerahmt von baumbestandenen Ufern und von einer nach wie vor zurückhaltenden, relativ niedrigen Bebauung, bietet die Außenalster – auch bei Nacht – eine landschaftliche Weite, die ihresgleichen sucht. Diese „nasse" Mitte hat Hamburg eine unverwechselbare Identität gegeben.

20. September

Nacht über der Außenalster

Das pavillonartig wirkende Gebäude, das an der nach seinem Stifter Edmund Siemers benannten Straße schräg gegenüber dem Dammtor-Bahnhof steht, wurde zwischen 1909 und 1911 errichtet. Seit 1919 dient es der Universität Hamburg als Vorlesungsgebäude. Beherrscht wird es von der imposanten Kuppel.

21. September

Hauptgebäude der Universität

DER FORSCHUNG
DER LEHRE

Die heutige Gestaltung des Alstervorlandes – hier ein Blick auf das Harvestehuder Alsterufer – verdankt Hamburg vor allem Gustav Lüttge, der hier Anfang der 1950er Jahre einen großzügigen Landschaftspark schuf. Zu allen Tageszeiten bietet der Fluss den Bewohnern und Gästen der Stadt einen großartigen Erholungs- und Freizeitwert.

22. September

Kanuten auf der Alster Höhe Schwanenwik

Hinter dem Alten Wall, am Mönkedammfleet, scheint die U-Bahn ins Wasser zu fahren, was immer wieder ein spektakulärer Anblick ist. Im Hintergrund die rückseitigen Fassaden der Gebäude am Großen Burstah.

23. September

Alter Wall und Mönkedamm

Mit ihrem 132 Meter hohen Turm und ihrer exponierten Lage auf dem Geestrücken oberhalb des alten Hafens ist die Hauptkirche St. Michaelis, von den Hamburgern liebevoll Michel genannt, bereits von Weitem zu erkennen. Von der 82 Meter hohen Turmplattform, die über einen Fahrstuhl zu erreichen ist, hat man einen fantastischen Blick über die Hafenlandschaft und die Innenstadt.

24. September

Der Turm des Michel

Das 1897 vollendete Rathaus der Hansestadt und das spätklassizistische Gebäude der Handelskammer bilden ein großartiges bauliches Ensemble. Mit seinen 664 Quadratmeter Fläche und über 25 Meter Höhe ist der mittlere Börsensaal die größte Halle des Handelskammergebäudes.

25. September

Das Rathaus spiegelt sich im Fenster des mittleren Börsensaals der Handelskammer

Was Regentropfen bewirken können: Die Silhouette der Speicherstadt erhält durch den Lupeneffekt, den die regennasse Fensterscheibe des Kaispeichers B, in dem das Internationale Maritime Museum Hamburg seine großartigen Ausstellungen präsentiert, verursacht, ein völlig neues Gesicht.

26. September

Diese Schule kann auf eine lange und ereignisreiche Geschichte zurückblicken. Bereits 1529 entstand die „Gelehrtenschule des Johanneums“. Die älteste höhere Hamburger Bildungseinrichtung war – daher der Name – im Johanniskloster untergebracht. Seit 1914 residiert das Gymnasium in dem von Fritz Schumacher entworfenen Backsteinbau in Winterhude.

27. September

Das Johanneum

Eine ungewöhnliche Begegnung im Innenhof des Rathauses: Die plastische Dekoration mit dem am Kochlöffel schleckenden Küchenjungen befindet sich oberhalb des Ratsweinkellers.

28. September

Dekoration im Innenhof des Rathauses

Während die völlig technisierte Welt der Schiffe und Container auf der linken Elbseite das Bild des Hafens bestimmt, erstreckt sich von Altona bis Rissen – also auf dem nördlichen Elbufer – eine Vielzahl von Parks und Gärten. Das Foto wurde von der Elbchaussee zwischen dem Schulberg und der Himmelsleiter aufgenommen.

29. September

Blick von der Elbchaussee auf den Hafen

Im Mondlicht glitzert der Strand von Övelgönne, links das Seniorenstift Augustinum. Gespenstisch heben sich die Arme der Kräne und die Ausleger der Containerbrücken in den fahlen Himmel.

30. September

„Du angenehmer Alsterfluss ...“ dichtete Friedrich von Hagedorn im 18. Jahrhundert über die Alster, die von der Quelle im Norden bis zur Mündung in die Elbe im Süden 53 Kilometer lang ist. Mit 164 Hektar bildet die Außenalster den größeren Teil des Alsterbeckens. Das Harvestehuder Alstervorland wurde 1953 mit den bis dahin privaten Gärten zu einer öffentlichen Grünanlage, die sich seither größter Beliebtheit erfreut.

1. Oktober

Alstervorland, das westliche Ufer der Alster

Ein voll beladenes Containerschiff wird von zwei Schleppern in das Fahrwasser der Elbe gedreht. Zuvor ist dieses riesige Schiff in nur wenigen Stunden ent- und wieder beladen worden. Die Verweildauer der Schiffe im Hafen nimmt aufgrund der technischen Verbesserungen beim Be- und Entladen ständig ab.

2. Oktober

Schleppermanöver im Hafen

Nachdem das alte Hamburger Rathaus im Großen Brand von 1842 zerstört worden war, sollte das neue in der geometrischen Mitte der Stadt, zwischen Börse und Alster, entstehen. Es dauerte mehr als 40 Jahre, bis das neue Rathaus eingeweiht wurde. Es ist eines der bedeutendsten Bauwerke des Historismus.

3. Oktober

Blick vom Dach der Handelskammer auf das Rathaus

Der sich zwischen der Eppendorfer Landstraße und dem Alsterlauf erstreckende Hayns Park war ehemals Teil des Landsitzes von Max Theodor Hayn (1809–1888), einem aus Breslau stammenden Kaufmann, der in Hamburg Bürgermeister und Senator war. Der Gartenpavillon stammt aus der Gründerzeit.

4. Oktober

Pavillon im Hayns Park

Auf eine lange Tradition können die Ruderclubs an der Alster zurückblicken. Viele Hamburger beginnen den Tag mit einer Ruderpartie, bevor sie an ihre Schreibtische gehen. Ein Alsterdampfer zieht im fahlen Dunst des Sonnenlichts seine Bahn.

5. Oktober

Ruderboote an der Außenalster

Fassade des ehemaligen Fernmeldeamtes 1 in der Schlüterstraße. Das von 1902 bis 1907 erbaute Gebäude war lange Jahre Vermittlungszentrale für das 1881 in Hamburg eingeführte Telefon.

6. Oktober

Herbststimmung an der Schlüterstraße

Das Gelände westlich der Speicherstadt wurde im Zweiten Weltkrieg vollständig zerstört. Erst Mitte der 1990er Jahre wurde auf der Kehrwiederspitze Richtfest gefeiert. Die umstrittenen Bürokomplexe – zu massig, zu hoch – wurden durch weitere Bauabschnitte ergänzt (links im Bild), die ein höheres Qualitätsniveau aufweisen.

7. Oktober

Hanseatic Trade Center und Kehrwiederspitze

Der Kaisersaal hat seinen Namen anlässlich des Besuchs von Wilhelm II. in diesem am 19. Juni 1895 nur provisorisch hergerichteten Raum im Rathaus erhalten. Das Deckengemälde von Arthur Fitger symbolisiert den „Triumph der deutschen Flagge“ über die Meere.

8. Oktober

Deckengemälde im Kaisersaal des Rathauses

Im 1757 gebauten Torhaus des Gutes Wellingsbüttel befindet sich das Alstertal-Museum. Durch seine idyllische Lage am Alsterlauf ist das 1296 erstmals erwähnte Wellingsbüttel zu einem beliebten Wohngebiet geworden.

9. Oktober

Im Morgenlicht: das Wellingsbüttler Torhaus

Ab 1850 wurde die Alte Rabenstraße mit Villen und Stadthäusern bebaut. Das Doppelhaus Nummer 13 und 14 entstand 1855 mit neugotischen Fassadendekorationen.

10. Oktober

Weiße Villa an der Alten Rabenstraße

An der linken Tür des Westportals von St. Petri befindet sich ein bronzener Türklopfer mit Löwenkopf. Die Umschrift weist auf die Grundsteinlegung des in der ersten Hälfte des 14. Jahrhunderts errichteten Turms des Vorgängerbaus hin.

11. Oktober

Hauptportal der St. Petri-Kirche

Die städtischen Landschaftsräume an den seit 1910 angelegten Seitenarmen der Alster zeigen – wie hier am Rondeel – ein ganz eigenes Milieu aus verwunschenen Wasserläufen und herrschaftlichen Villen.

12. Oktober

Rondeelteich

Das ehemalige Postamt am Hühnerposten, gebaut 1902 bis 1905, beherbergt heute unter anderem die Zentralbibliothek der Stiftung Hamburger Öffentliche Bücherhallen. Ihre Entstehung 1898/99 verdanken die Bücherhallen einer Initiative der Patriotischen Gesellschaft.

13. Oktober

Mit der Eröffnung des ersten Container Terminals Mitte 1966 wurde eine neue Epoche in der Hafenentwicklung eingeleitet. Das Verladen und der Transport von Stückgut in genormten Behältern – den Containern – haben Schifffahrt und Umschlag seitdem grundlegend revolutioniert. Zu den modernsten Anlagen dieser Art in der Welt gehört der Container Terminal Altenwerder.

14. Oktober

Container Terminal Altenwerder

CTA
CTA
NYK VESTA
CTA
CTA
MOL

Welch ein Kontrast! Die vom Engländer George Gilbert Scott konzipierte St. Nikolai-Kirche (1846 bis 1874), die im Zweiten Weltkrieg ausbrannte, repräsentiert höchste Baukunst des 19. Jahrhunderts, während die kühn geschwungene Köhlbrandbrücke (1974) von Paul Boué und Egon Jux eine Meisterleistung der Ingenieurskunst des 20. Jahrhunderts darstellt.

15. Oktober

Nikolaikirche, im Hintergrund die Köhlbrandbrücke

Die Boberger Dünen sind Teile der jahrtausendealten Taldünenkette, die sich bis Geesthacht erstreckt. Seit 1991 steht die ungewöhnliche Landschaft im Osten Hamburgs unter Naturschutz.

16. Oktober

Boberger Dünen

Bereits seit Mitte des 18. Jahrhunderts wird die Flurbezeichnung „Up den Slump“ verwendet. Slump ist Niederdeutsch und bedeutet Schlamm. Das im Südosten von Eimsbüttel gelegene Gebiet muss also früher moorig beziehungsweise sumpfig gewesen sein. Schon 1909 wurde hier mit dem Bau der U-Bahn begonnen. Die heutige Haltestelle wurde vom Architekten Horst Sandmann von 1966 bis 1968 in zwei Ebenen neu errichtet.

17. Oktober

U-Bahnhof Schlump

Stadtteilplan
Kieser Schäferkamp
Ausgang
Beim Schlump
Ausgang

Zwischen Großer Theaterstraße und Büschstraße präsentiert sich am Gustav-Mahler-Platz wuchtig der Erweiterungsbau der Staatsoper. Die Neorenaissancefassaden an den Colonnaden (rechts) stehen seit über 100 Jahren.

18. Oktober

Am Gustav-Mahler-Platz

Besonders gespenstisch wirkt die vom Künstler Michael Batz beleuchtete Speicherstadt bei Vollmond: Dann kontrastiert das fahle Licht des Erdtrabanten mit den gezielt eingesetzten Lichtpunkten auf dem rotbraunen Backstein.

19. Oktober

Das Kontorhaus Sprinkenhof, dessen Pläne von Fritz Höger sowie Hans und Oskar Gerson stammen, wurde in drei Bauabschnitten von 1927 bis 1943 gebaut. Hamburgs damals größter Bürokomplex umschließt drei Innenhöfe. Für den aufwendigen Fassadenschmuck sind Klinker und Terrakotten eingesetzt. Von 1999 bis 2002 fanden ein Umbau und eine umfassende Sanierung statt.

20. Oktober

Der Sprinkenhof

Die über den Zollkanal in die Speicherstadt führende Kornhausbrücke hat ihren Namen von dem hier bis 1871 stehenden Kornhaus erhalten. Als zentraler städtischer Speicher diente das riesige Lagerhaus zur Getreideversorgung Hamburgs in Krisenzeiten. Das letzte von Stadtbaumeister Hans Hamelau 1660 bis 1661 errichtete Kornhaus wurde 1871 abgerissen. Im Hintergrund die Türme des Verwaltungsgebäudes der Hamburger Hafen und Logistik AG.

21. Oktober

An der Kornhausbrücke

Die berühmte Arp-Schnitger-Orgel von 1693 auf der Westempore von St. Jacobi gilt als größte erhaltene Barockorgel im norddeutschen Raum. Sie verfügt über 60 Register und zirka 4000 Pfeifen.

22. Oktober

Registerzüge der Arp-Schnitger-Orgel in St. Jacobi

Mystisch schön wirkt die Speicherstadt bei Nebel, zumal es auf dem Wasser zunehmend stiller geworden ist. Nur noch wenige Waren werden mit Schuten herangefahren, allenfalls die Barkassen der Hafenrundfahrten gleiten durch die engen Kanäle.

23. Oktober

Wandbereiterbrücke in der Speicherstadt

Zollenspieker: Die Zoll- und Wehranlage an der Elbe entstand bereits im 16. Jahrhundert. Auch ein Fähranleger ist seither dokumentiert. 1926 erfolgte die Grunderneuerung des Doppelgebäudes, 1991 schloss das Fährhaus. Seit 1998 ist es – aufwendig saniert – als Gaststätte und Hotel in Betrieb. Die Fahrt von dort mit der Elbfähre nach Hoopte in Niedersachsen ist ein besonderes Erlebnis.

24. Oktober

Das Zollenspieker Fährhaus

ZOLLENSPIEKER FÄHRHAUS
Restaurant Hotel Festsaal
750 Jahre Zollenspieker
Gasthaus und Fährstelle

Die Gose Elbe ist ein rund 15 Kilometer langer Altwasserarm der Elbe in den Hamburger Vier- und Marschlanden. Bereits 1390 wurde sie durch einen Deich vom Hauptstrom abgetrennt. Der sehr windungsreiche Flusslauf hat einen breiten Ufersaum, auf dem sich viele unter Naturschutz stehende Tiere wohlfühlen, der aber auch als Weideland genutzt wird.

25. Oktober

Morgennebel in Kirchwerder an der Gose Elbe

Dunkel und dräuend stehen die Gewitterwolken über dem nördlichen Hafenrand und den Landungsbrücken. Rechts ein Containerschiff am Athabaskakai.

26. Oktober

Gewitterstimmung über der Elbe

TERMINAL BURCHARDKAI
TERMINAL BURCHARDKAI

Die Relieffiguren über den rechten Durchgängen des Hauptportals der Handelskammer personifizieren das Zusammenwirken von geistiger und praktischer Arbeit (links) sowie den merkantilen Erfolg der Hansestadt, der durch Füllhörner und Fruchtgebinde (rechts) veranschaulicht wird.

27. Oktober

Hauptportal der Handelskammer am Adolphsplatz

Blick vom Berliner Tor Center in Richtung Westen: Die hell erleuchtete Adenauerallee führt in die Hamburger City, an ihr liegen links der halbkreisförmige Zentrale Omnibusbahnhof (ZOB) und das Museum für Kunst und Gewerbe, rechts der Hauptbahnhof. Am linken Bildrand ist das Gewerkschaftshaus am Besenbinderhof zu erkennen.

28. Oktober

Vom Berliner Tor Center Richtung Westen

Das Vierländer Dorf Kirchwerder erhielt seinen Namen von der Kirche und dem Werder, der Flussinsel, auf dem diese stand. Das früher extrem sturmflutgefährdete Gebiet wird von einem hohen Elbdeich geschützt. Mit Neuengamme teilt sich Kirchwerder eines der größten Naturschutzgebiete Hamburgs – die Kirchwerder Wiesen.

29. Oktober

Naturschutzgebiet Kirchwerder Wiesen

Einer der berühmtesten Dichter Hamburgs ist Friedrich Gottlieb Klopstock (1724–1803). Seine Grabstelle, die seiner beiden Frauen und die seines Bruders befinden sich auf dem Friedhof der Christianskirche in Ottensen. Als Klopstock zu Grabe getragen wurde, sollen mehr als 25 000 Menschen den Trauerzug begleitet haben.

30. Oktober

Die Gräber der Familie Klopstock

BEY SEINER META UND BEY SEINEM KINDE RUHET
FRIEDRICH GOTTLIEB KLOPSTOCK

St. Katharinen wurde als drittes der fünf alten Hamburger Kirchspiele um 1250 erstmals erwähnt. Die Kirche liegt direkt am Hafen in der südlichen Altstadt. Ihr Chor wird von der Statue der heiligen Katharina bekrönt (links). Rechts ist ein Teil der ungewöhnlichen Turmhaube zu erkennen, die im Krieg zerstört und in den 1950er Jahren wieder aufgebaut wurde.

31. Oktober

Wolkenhimmel über St. Katharinen

Die Geschichte des größten Friedhofs Europas in Hamburg-Ohlsdorf ist eng verknüpft mit dem Architekten Johann Wilhelm Cordes, der 1879 zum obersten Friedhofsverwalter und -planer berufen wurde. Er versuchte, Zweckmäßigkeit und Schönheit in seinen Entwürfen zu vereinigen. Heute ist der Friedhof zugleich auch ein botanischer Garten, ein Vogelparadies und ein grünes Labyrinth.

1. November

Auf dem Ohlsdorfer Friedhof

Gleich hinter dem Eingang des Ohlsdorfer Parkfriedhofs liegt der Althamburgische Gedächtnisfriedhof, auf dem verdiente Hamburger Persönlichkeiten bestattet sind, die keine Angehörigen haben und deren Grabstätte abgelaufen ist. Als Besonderheit der weit über Deutschlands Grenzen hinaus bekannten Begräbnisstätte gelten die rund 600 figürlichen Werke bedeutender zeitgenössischer Künstler.

2. November

Der Althamburgische Gedächtnisfriedhof

Die elegante Silhouette der Cap San Diego gehört zum Hamburger Hafenpanorama wie die Landungsbrücken und die Speicherstadt. Seit 1989 hat sie an der Überseebrücke festgemacht. Der Hamburger Architekt Cäsar Pinnau gab dem Schiff die elegante Form und gestaltete die Inneneinrichtung mit.

3. November

Maritimes Denkmal: die Cap San Diego

CAP SAN DIEGO

Das ursprünglich als Wasserturm konzipierte Planetarium im Stadtpark entstand 1913 unter der Leitung von Fritz Schumacher. Der 38 Meter hohe Backsteinbau beherbergt seit 1930 das Planetarium, in dessen Kuppel mit Projektoren Sternbewegungen simuliert werden. Von der Aussichtsplattform hat man einen weiten Blick über den Park.

4. November

Das Planetarium im Stadtpark

Vor dem Container Terminal Tollerort ist die Elbe weniger als 500 Meter breit. Da kann es schon einmal zu einem Schiffsverkehrschaos kommen: vorne die Bugnase eines Frachters, in der Mitte des Stroms dockt ein Schlepper eine Fähre aus, während dahinter ein Hafenrundfahrtschiff seine Bahn zieht. Das Containerschiff ganz rechts liegt am Kai.

5. November

HANS
IMO 8111922
COSCO

Der Rosengarten, der zwischen Elbchaussee und Neumühlen liegt, ist nicht nur ein Paradies für Jogger und Walker. Besonders schön ist jener Teil des ehemaligen Lawaetz'schen Anwesens, der – bei gutem Wetter – herrliche Ausblicke auf die Elbe und den Köhlbrand ermöglicht.

6. November

Der Rosengarten unterhalb der Elbchaussee im Nebel

Nach alten Plänen wurden ab 1966 die Wohnanlagen rund um die Peterstraße unter Einbeziehung des 1751 gebauten und noch gut erhaltenen Beylingstifts neu errichtet. Federführend dabei war der Stifter Alfred Toepfer. Obwohl es eine solche Pracht in der Neustadt zuvor nie gegeben hat, stellt dieses Ensemble mit seinen nach historischen Vorbildern restaurierten Häusern einen Gewinn für Hamburg dar.

7. November

Sandsteinengel an einem Portal in der Peterstraße

Nach dem Großen Brand von 1842 entstand auf den Fundamenten der mittelalterlichen Hallenkirche St. Petri neu. Verantwortlich für die Innengestaltung war der Architekt Alexis de Chateauneuf, der die Hauptpfeiler zwar in der alten Form rekonstruierte, ansonsten aber den Innenraum neu ordnete.

8. November

St. Petri-Kirche

Auf dem etwa 23 Hektar großen Freigelände des Neuen Botanischen Gartens in Klein-Flottbek können neben dem 2005 eröffneten Wüstengarten mit seiner Glaspyramide auch ein japanischer und ein chinesischer Garten besichtigt werden, außerdem gibt es einen Bauerngarten, Arzneipflanzen, ein Rosarium sowie den Duft- und Tastgarten. Das Loki-Schmidt-Haus, ein botanisches Museum, informiert über Nutzpflanzen und ihre Verwendung.

9. November

Glaspyramide im Neuen Botanischen Garten

Vor dem Geestrücken der Elbe mit seinen vornehmen Wohnlagen (rechts) liegen wie Perlen an einer Kette das Terminalgebäude von Alsop, Störmer und me di um von 1992, das Dockland von Bothe Richter Teherani aus dem Jahr 2006 sowie das ehemalige Kühlhaus (heute Seniorenstift Augustinum). Das Foto entstand von einem Kran bei Blohm + Voss. Im Vordergrund ein eingedockter Tanker.

10. November

Hagenbecks Tierpark ist kein Zoo im traditionellen Sinn, denn er bietet neben dem hautnahen Erleben der Tierwelt auch Landschaftsinszenierungen – wie die hier gezeigte handgefertigte und goldglänzende thailändische Sala, die am Birma-Teich inmitten der hektischen Großstadtwelt ein Ort der Ruhe und der Begegnung sein soll.

11. November

Thailändische Sala in Hagenbecks Tierpark

Bereits kurz nach Ende des Zweiten Weltkrieges gab es Initiativen zur Restaurierung des mittleren Börsensaals der Handelskammer, der nach einem Bombenangriff 1941 ausgebrannt war. Schon 1951 konnte der klassizistische Saal zusammen mit den angrenzenden Räumen wieder seiner ursprünglichen Bestimmung übergeben werden. Greifenfriese schmücken außen und innen die Wandflächen.

12. November

Wandschmuck im mittleren Börsensaal der Handelskammer

Das nur schemenhaft im Nebel erkennbare Feuerschiff Elbe 3 wurde 1880 als Leuchtschiff Weser in Vegesack gebaut. Fast ein Jahrhundert war es zur Sicherung der Seeschifffahrt in der Weser- beziehungsweise Elbmündung auf einer festen Position verankert. Seit 1979 liegt das älteste fahrbereite Feuerschiff der Welt im Museumshafen Övelgönne.

13. November

Morgennebel vor Övelgönne

Im Hafenmuseum an der Australiastraße wird die Geschichte des Hamburger Hafens nicht nur dargestellt, sondern auch erlebbar. Besucher sollen staunen und auch Hand anlegen können, um zum Beispiel den „Duft der großen weiten Welt“, den Gewürzsäcke verbreiten, einzuatmen oder einmal zu erfahren, welche immense Muskelkraft der Transport von Stückgut durch die Schauerleute erforderte.

14. November

Im historischen Schuppen 50A, dem Hafenmuseum

dampfgebogen
Dampfgebogen

Im ehemaligen botanischen Institutsgebäude der Universität Hamburg in der Jungiusstraße residiert seit dem Jahr 2000 die Bucerius Law School. In der von der ZEIT-Stiftung Ebelin und Gerd Bucerius gegründeten einzigen privaten Hochschule für Rechtswissenschaften in Deutschland werden Studierende auf die Erste Juristische Staatsprüfung vorbereitet. Der Gebäudekomplex wurde von 1904 bis 1907 erbaut.

15. November

Kuppel der Bucerius Law School

Die gigantischen Ausmaße des Hafens werden ganz besonders deutlich, wenn man aus der Vogelperspektive die großflächigen Autoverladeplätze betrachtet.

16. November

Autoverladeplatz im Hamburger Hafen

Sicher steuert der Hafenlotse dieses Containerschiff der Reederei Hamburg Süd in das Hafenbecken. Links der Burchardkai, rechts Eurogate und im Hintergrund die unverwechselbare Silhouette der Köhlbrandbrücke. Die genormten 20-Fuß-Standardcontainer, die sogenannten TEU (Twenty-Foot Equivalent Unit), messen etwa 6 x 2,5 x 2,5 Meter. Das weltweit größte Containerschiff fasst derzeit etwa 13 000 TEU.

17. November

Containerriese auf dem Weg zu seinem Liegeplatz

AMFICON
CAI

Eine technische Meisterleistung war und ist der Alte Elbtunnel, dessen Bau 1907 begann und der 1911 eingeweiht wurde. Der Zugang zur 23 Meter unter dem Elbspiegel gelegenen Tunnelröhre erfolgt durch jeweils einen Schacht über ein Treppen- beziehungsweise Aufzugssystem.

18. November

Aufzug im Alten Elbtunnel, Südseite

Im Hauptgebäude der Hamburger Universität treffen Tradition und Moderne zusammen. Während die Kuppel, die das Gebäude bekrönt, feierliche Assoziationen weckt, ist die Wandelhalle dagegen eher nüchtern gehalten.

19. November

Wandelhalle im Hauptgebäude der Universität

Für die Bebauung der Mönckebergstraße wurde erstmals in Hamburg eine Kunstkommission eingesetzt, der seit 1910 auch Fritz Schumacher angehörte. Dadurch konnte nicht nur auf die Gestaltung der Häuser, sondern auch auf die Anlage der Plätze Einfluss genommen werden. So wurde vor der hier sichtbaren Einmündung in die Spitalerstraße mit den markanten Fassaden der Seeburg (links) und des Barkhofs (rechts) durch den Mönckebergbrunnen ein städtebaulicher Akzent gesetzt.

20. November

Spitalerstraße, Ecke Mönckebergstraße

Auch wenn der Jenischpark heute wesentlich kleiner ist als zur Zeit von Caspar Voght, der ihn um 1800 anlegen ließ, hat das Anwesen seines späteren Erwerbers Senator Jenisch nichts von seiner grandiosen Schönheit verloren.

21. November

Jenischpark mit Jenischhaus

Einen Platz für vertrauliche Gespräche bietet den Senatoren inmitten des hektischen Politikbetriebs die mit Vierländer Möbeln, Glasmalereien und vor allem Kachelbildern ausgestattete Laube im sogenannten Senatsgehege des Rathauses.

22. November

Laube im Senatsgehege des Rathauses

Diese Abendstimmung hält die Faszination einer Metropole mit und am Hafen fest: Es ist der Gegensatz von Ruhe und Betriebsamkeit, von dem hektischen Treiben des Hafens und dem beschaulichen Dümpeln der Jachten im Sportboothafen, der wie sonst kaum in einer Hafenstadt so unmittelbar erlebbar ist.

23. November

Niederhafen, Vorsetzen und Überseebrücke

Das Flaggschiff der Hamburger Theaterkultur, das Deutsche Schauspielhaus, liegt gegenüber dem Hauptbahnhof. Besonders schön ist der noch weitgehend im Originalzustand von 1900 erhaltene Zuschauerraum, der im Stil des Neu-Rokoko und in Weiß, Rot und Gold gestaltet ist.

24. November

Zuschauerraum des Deutschen Schauspielhauses

Einsam zieht ein Ruder-Achter seine Bahn über die im Dunst liegende Alster. Am oberen Bildrand sind der Feenteich und das Gästehaus des Senats zu erkennen, davor die Anleger an der Schönen Aussicht sowie die iranisch-schiitische Moschee. Im kleinen Park am linken Bildrand stand das legendäre im Zweiten Weltkrieg zerstörte Uhlenhorster Fährhaus.

25. November

Novemberstimmung an der Außenalster

In Kirchwerder, dem größten Dorf der Vierlande, haben sich zahlreiche reetgedeckte Fachwerkhäuser erhalten. Die sandigen Böden eignen sich in besonderem Maße zum Gemüseanbau, und so wird dieser südlichste Hamburger Stadtteil gerne als die „Gemüsekammer“ der Hansestadt bezeichnet.

26. November

Fachwerkhäuser am Kirchwerder Elbdeich

Eine finstere Wolkenwand hat sich soeben vor die aufgehende Sonne geschoben. Erste Lichtstrahlen fallen auf das Museumsschiff Cap San Diego an der Überseebrücke. Wie Bleistifte recken sich dahinter die Masten des Großseglers Mir und die Ausleger der Hafenkräne in den Himmel.

27. November

Schlechtwetter zieht auf

Das Museum für Kunst und Gewerbe ist eines der führenden Häuser für angewandte Kunst in Europa. Es wurde in der zweiten Hälfte des 19. Jahrhunderts von Justus Brinckmann gegründet. Neben der Antikensammlung verfügt das Museum unter anderem über international bemerkenswerte Bestände zu den Themen Ostasien, Jugendstil und Moderne, Fotografie und Musikinstrumente.

28. November

Antikensammlung im Museum für Kunst und Gewerbe

Die 1906 gegründete Norderwerft hat sich vor allem einen Namen mit schnell ausgeführten Schiffsreparaturen, Umbauten und als Schiffsausrüster gemacht. Dahinter sind das Musical-Theaterzelt sowie das Riesenrad des Winterdoms zu sehen.

29. November

Norderwerft am Ellerholzdamm

ELITE

Man sieht, riecht und hört es: Der Hafen ist die Drehscheibe für Waren aus aller Welt, der größte Arbeitgeber der Stadt und Hamburgs Tor zur Welt. Er ist aber auch ein grandioser Schauplatz für starke Sinneseindrücke und Gefühle.

30. November

Lichterstimmung über dem Hafen

Ganz besonders zur Weihnachtszeit vermittelt die Binnenalster eine festliche Atmosphäre – dann gleicht die Hamburger Innenstadt einer riesigen Piazza mit der bassingleichen Wasserfläche in ihrer Mitte und dem geschäftigen Treiben auf dem Ballindamm und dem Jungfernstieg.

1. Dezember

Tannenbaum auf der Binnenalster

Der Große Saal der Musikhalle Hamburg (Laeiszhalle) verfügt über 1897 Sitzplätze. Das neobarocke Konzerthaus am Johannes-Brahms-Platz knüpft stilistisch und in der Wahl seiner Materialien an die von Ernst Georg Sonnin errichtete Michaeliskirche an.

2. Dezember

Der Große Saal der Laeiszhalle

Wer im späten 18. Jahrhundert vom „großen Bach“ sprach, meinte nicht Johann Sebastian, sondern Carl Philipp Emanuel Bach. Der zweitälteste Bach-Sohn trat 1767 das Amt des Johanneum-Kantors und Leiters der Kirchenmusik in Hamburg an. Sein vielfältiges Œuvre beeinflusste die nachfolgende Komponistengeneration nachhaltig. Bach starb 1788. Seine Grabplatte – auf der immer eine frische Rose steht – befindet sich in der Krypta des Michel.

3. Dezember

In der Krypta der St. Michaelis-Kirche

Auch in der kalten Jahreszeit wird Hamburg von Kreuzfahrtschiffen angelaufen. Die Queen Victoria erinnert mit ihren 85 000 Bruttoregistertonnen und ihrer schlanken Linienführung an die goldene Zeit der Luxusliner in der ersten Hälfte des 20. Jahrhunderts.
Sie kreuzt gemeinsam mit ihrem Schwesterschiff Queen Mary 2 über die Weltmeere.

4. Dezember

Queen Victoria am Cruise Center im Hamburger Hafen

Das alte, 1843 errichtete Thalia Theater lag gegenüber dem heutigen Standort, an dem es 1912 neu eröffnet und 1945 durch Bombenangriffe völlig zerstört wurde. Seine provisorische Wiedereröffnung erfolgte 1946, die eigentliche Einweihung des restaurierten Hauses aber erst 1960. Die Ausstattung des vom Architekten Werner Kallmorgen neu konzipierten Zuschauerraumes gilt als hervorragendes Beispiel der Nachkriegsmoderne.

5. Dezember

Thalia Theater

Zur Weihnachtszeit hat die Haupteinkaufsmeile Mönckebergstraße ihr weithin sichtbares Festtagskleid angelegt. Links das Rathaus, daneben die Türme von St. Petri und St. Jacobi.

6. Dezember

Blick vom Michel Richtung City

NORDBANK

Im weihnachtlichen Lichterglanz präsentieren sich die Spitaler- und die Mönckebergstraße, wo sich ein Konsumtempel an den anderen reiht. Nicht nur Hamburger gehen hier „shoppen“, sondern auch die Besucher der Stadt. Im Hintergrund der lang gestreckte Hauptbahnhof.

7. Dezember

Spitaler- und Mönckebergstraße

Direkt hinter dem Estedeich bei Cranz befindet sich dieser zu einem Altländer Restaurant gehörende Türschmuck. Im Alten Land stehen auch die wertvollsten Bauernhäuser des Hamburger Stadtgebiets.

8. Dezember

Türverzierung an einem Altländer Restaurant

Brōhann
1638

Während der großen Zeit der Luxusliner wurden die Ozeanriesen vorwiegend im Liniendienst eingesetzt. Heute steuern die neuen Giganten der Meere touristisch interessante Ziele an. Die Reparatur- beziehungsweise Überholungsarbeiten im Trockendock von Blohm + Voss dürfen nur wenige Tage in Anspruch nehmen, denn die nächsten Passagiere warten schon.

9. Dezember

Kreuzfahrtschiff im Trockendock

UNIFEEDER
BL OHM+VOSS DOCK ELBE 17

Der Große Festsaal – hier eine der Eingangstüren, die mit einem Engel, der einen Weihnachtsbaum hält, verziert ist – bildet die Mitte des Rathauses. Er wird für Preisverleihungen und Ehrungen genutzt, ist aber auch die Bühne für das jährlich immer am letzten Freitag im Februar stattfindende Matthiae-Mahl.

10. Dezember

Türrelief im Großen Festsaal des Rathauses

142
141
140

Kennzeichen der meisten Rathäuser – also auch des Hamburger Rathauses – sind seit dem Mittelalter die großen Dielen im Eingangsbereich, die gleichsam die Gesamtheit der Bürger symbolisieren sollen. Der hier abgebildete Treppenaufgang an einer der Stirnseiten wird von wappenhaltenden Löwen flankiert und entspricht so der Repräsentationsaufgabe des Senats.

11. Dezember

Eingangshalle des Rathauses

Die Idee, den Rathausmarkt nach dem Vorbild des Markusplatzes in Venedig zum Wasser, also zur Alster hin zu öffnen, stammt von Gottfried Semper und Alexis de Chateauneuf. Von 1980 bis 1982 erfolgte die Umgestaltung des Platzes mit Granitbelag, Glasarkaden und einem Busbahnhof. In der Adventszeit findet auf ihm ein beliebter Weihnachtsmarkt statt.

12. Dezember

Weihnachtliche Stimmung auf dem Rathausmarkt

Wie an einer Spindel winden sich die Zu- und Abfahrtswege des Parkhauses an der Großen Reichenstraße empor. Das der Sprinkenhof AG gehörende Gebäude liegt in jenem Teil der Stadt, der bereits im 13. Jahrhundert bebaut wurde.

13. Dezember

Parkhausspirale an der Großen Reichenstraße

Kerzengerade steht der illuminierte Weihnachtsbaum auf dem Ponton der Alsterfontäne vor dem Jungfernstieg. Besonders in der Adventszeit vermittelt der Prachtboulevard mit seinem wunderschönen Blick auf die Binnenalster und die Lombardsbrücke stimmungsvolle Bilder.

14. Dezember

Blick durch die Balustraden der Lombardsbrücke

Ein maßstabsgetreuer Nachbau des Konvoischiffs Wapen von Hamburg III ist im Internationalen Maritimen Museum Hamburg zu sehen. Der Bau der insgesamt sieben Konvoischiffe war eine Reaktion auf die großen Verluste, die Hamburgs Schifffahrt durch Seeräuber und Kaperer im 17. und 18. Jahrhundert hinnehmen musste.

15. Dezember

Modell des Konvoischiffs Wapen von Hamburg III

Weihnachten auf hoher See – das war und ist für Seeleute nichts Ungewöhnliches. Während der großen Zeit der Windjammer um die Wende zum 20. Jahrhundert hatten die Männer an Bord viel mehr Zeit als heute, wo die Containerschiffe nach einem festen Fahrplan verkehren. Damals wurden Buddelschiffe gebaut und Shantys gesungen – und vor allem an die Lieben zu Hause gedacht. Der Weihnachtsbaum auf dem Vorschiff der Rickmer Rickmers erinnert daran.

16. Dezember

Weihnachten auf der Rickmer Rickmers

RICKMER RICKMERS

Neben dem hier abgebildeten Stadtwappen auf der geprägten Tapete hängen im Kleinen Sitzungszimmer des Rathauses eine große Anzahl von Gemäldeporträts verdienter Bürger und Bürgermeister der Stadt. Der Raum ist mit dunklen Hölzern getäfelt und in gedämpften Farben gehalten.

17. Dezember

Geprägte Tapete im Kleinen Sitzungszimmer des Rathauses

Die Fleetinsel, das Quarree zwischen Herrengraben- und Alsterfleet, Stadthausbrücke und Baumwall, ist durch mehrere Brücken mit der Umgebung verbunden. Im Zweiten Weltkrieg wurde das Ensemble von Kontorhäusern zum großen Teil zerstört. Seit Anfang der 1990er Jahre entstanden hier wieder neues Leben und moderne Architektur. Die restaurierte Ellerntorsbrücke (links) wurde bereits 1545 erstmals erwähnt.

18. Dezember

Fleetinsel im Festtagsschmuck

Die Eindeichung des Marschenhufendorfs Reitbrook erfolgte bereits zu Beginn des 13. Jahrhunderts. Durch den Gottorfer Vergleich von 1768 gelangte es endgültig zu Hamburg.

19. Dezember

Die Reitbrooker Mühle im Raureif

Vom Michel schweift der Blick zum Hafen und zum Fischmarkt. Dahinter türmen sich die Bauten am Stilwerk zu einem gewaltigen Ensemble auf. Als Lichtinsel sind das Dockland am nördlichen Hafenrand und die Container Terminals am anderen Elbufer zu sehen. Im Vordergrund rechts das Atlantic Haus mit einem Tannenbaum auf dem Dach.

20. Dezember

Dezemberstimmung über Hamburg

Der traditionsreiche Alsterpavillon dominiert seit 1799 den Jungfernstieg. Das heutige Bauwerk, das nach Entwürfen von Ferdinand Streb 1952/53 errichtet wurde, hat eine ganze Anzahl von Vorgängern. Der Weihnachtsmarkt betont den festlichen Charakter, den das städtebauliche Ensemble mit Promenade und Binnenalster vermittelt.

21. Dezember

Weihnachtsmarkt am Jungfernstieg

Ganz besonders stimmungsvoll ist ein Adventsgottesdienst in der bereits 1306 erstmals erwähnten Kirche St. Johannis in Curslack. Der Name des Vierländer Dorfs geht vermutlich auf Vuwerslake zurück, eine niedrig gelegene, Überschwemmungen stark ausgesetzte Sumpfgegend.

22. Dezember

Adventskranz in St. Johannis in Curslack

Auch die Häuserzeile am Jungfernstieg musste nach dem Großen Brand von 1842 neu geplant werden. Der Rathausarchitekt Martin Haller zeichnete verantwortlich für den ganz links zu sehenden Bau mit Neorenaissancefassade und einem glasüberdachten Arkadenhof – heute Sitz der Dresdner Bank. Ganz rechts, neben der Einfahrt zu den Großen Bleichen, steht der rote Sandsteinbau des Hamburger Hofs.

23. Dezember

Jungfernstieg, Alsterpavillon und Große Bleichen

Jedes Jahr zur Adventszeit wird das Weihnachtsoratorium von Johann Sebastian Bach im Hamburger Michel aufgeführt. Es gehört zu den großen musikalischen Ereignissen der Hansestadt.

24. Dezember

Weihnachtsoratorium im Michel

Die Orgel in St. Jacobi wurde 1689 bis 1693 von Arp Schnitger gebaut. Den im Zweiten Weltkrieg stark beschädigten Prospekt restaurierte in den 1990er Jahren Jürgen Ahrend. An der Emporenbrüstung sind Bilder aus der Mitte und der zweiten Hälfte des 17. Jahrhunderts erhalten.

25. Dezember

Orgelprospekt von St. Jacobi

Von der Michaelisbrücke auf der Fleetinsel gesehen: der Turm des Michel und rechts daneben die Turmhaube der 1953 bis 1955 erbauten Katholischen St. Ansgar-Kirche, im Volksmund auch Kleiner Michel genannt.

26. Dezember

Der Kleine und der Große Michel

Die Lange Reihe ist eine der ältesten Straßen St. Georgs und die schillernde Hauptstraße des Viertels. Zwischen den Etagen-, Fachwerk- und Kontorhäusern stehen auch biedermeierliche Bürgerhäuser – wie die Nummer 39 mit dem Apothekerzeichen St. Georg von Ernst Georg Vivié.

27. Dezember

Apotheke zum Ritter St. Georg in der Langen Reihe

Seit 1997 heißt der Platz vor der Laeiszhalle – Musikhalle Hamburg Johannes-Brahms-Platz. Auf ihm wurden zwei Denkmäler für den großen Komponisten und Sohn der Stadt errichtet. An der Stirnseite der Laeiszhalle steht dieser Granitkubus des Künstlers Thomas Darboven. Abgebildet ist Brahms in vier verschiedenen Lebensphasen.

28. Dezember

Erinnerung an den Komponisten Johannes Brahms

In der Mitte des Dorfes und Kirchspiels Curslack liegt die 1306 erstmals erwähnte Pfarrkirche St. Johannis. Daneben steht der hölzerne Glockenturm mit schindelgedecktem Helm von 1761. Die Kirche ist vom Friedhof umgeben, davor das in der Art einer Kate erbaute Pastorat.

29. Dezember

Die Pfarrkirche St. Johannis in Curslack

Am Mündungsfleet der Alster, dem Alsterfleet, entstanden zwischen 1843 und 1846 die Alsterarkaden. In der Mitte des von Alexis de Chateauneuf entworfenen Ensembles befindet sich Hamburgs älteste Einkaufspassage, die Mellin-Passage. Die Ausmalungen in der Manier des Jugendstils sind bis heute erhalten.

30. Dezember

Deckengemälde in der Mellin-Passage

Das Jahr geht. Jetzt hält der Winter auch in dem in gemäßigten Breiten gelegenen Hamburg Einzug. Schnee lastet auf dieser Adlerskulptur in Hagenbecks Tierpark.

31. Dezember

Skulptur in Hagenbecks Tierpark

Impressum

Bibliografische Information der Deutschen Bibliothek
Die Deutsche Bibliothek verzeichnet diese Publikation in der Deutschen Nationalbibliografie; detaillierte bibliografische Daten sind im Internet über http://dnb.ddb.de abrufbar.

ISBN 978-3-8319-0328-3

Fotos:
Michael Zapf, Hamburg
Bildlegenden:
Ellert & Richter Verlag, Hamburg
Gestaltung:
Büro Brückner + Partner, Bremen
Lithografie:
edelweiß publish, Hamburg
Druck:
Girzig + Gottschalk, Bremen
Bindung:
S. R. Büge GmbH, Celle

Quellennachweis:
Wolfgang Borchert, „Stadt, Stadt: Mutter zwischen Himmel und Erde. Hamburg" [Auszug] aus: Wolfgang Borchert, Das Gesamtwerk Herausgegeben von Michael Töteberg unter Mitarbeit von Irmgard Schindler Copyright © 2007 by Rowohlt Verlag GmbH, Reinbek bei Hamburg

Bei der Erstellung der Bildunterschriften haben wir uns u. a. an folgenden Standardwerken über Hamburg orientiert:
Hamburg von Altona bis Zollenspieker. Das Haspa-Handbuch für alle Stadtteile der Hansestadt. Hoffmann und Campe, Hamburg 2002
Hermann Hipp: Freie und Hansestadt Hamburg. Geschichte, Kultur und Stadtbaukunst an Elbe und Alster. DuMont, Köln 1996
Franklin Kopitzsch und Daniel Tilgner (Hg.): Hamburg Lexikon. Ellert & Richter, Hamburg 2005

Der Fotograf: Michael Zapf, geb. 1965 in Hamburg, fotografiert seit 25 Jahren für Tageszeitungen, Fotoagenturen und Pressestellen Hamburger Unternehmen. Neben tagesaktuellen Ereignissen in der Stadt, die er für das „Hamburger Abendblatt" festhält, fotografiert er vor allem Architektur und Landschaften. Seine Fotos sind in zahlreichen Büchern veröffentlicht. Im Ellert & Richter Verlag ist der Band „Hamburg von oben" erschienen.